W0271067

SPÉCIAL BREVET

3e

14-15 ANS

Chouette

Français

Hélène Maggiori

Hatier

Voici **la liste des 44 chapitres de ton cahier Chouette.**
Quand tu as terminé le travail sur un chapitre, indique la date et reporte le score total obtenu aux exercices.

Ton tableau de bord

Achevé d'imprimer par G. Canale & C. S.p.A.
à Borgaro T.se (Turin) - Italie
Dépôt légal : 96982-9/01 - novembre 2013

IMPRIM'VERT Votre imprimeur agit pour l'environnement

PAPIER À BASE DE FIBRES CERTIFIÉES

Hatier s'engage pour l'environnement en réduisant l'empreinte carbone de ses livres. Celle de cet exemplaire est de : 350 g éq. CO_2
Rendez-vous sur www.hatier-durable.fr

Suivi éditorial : Agnès Marot – Imaginemos
Maquette : Frédéric Jély
Illustrations : Adrien Siroy (dessins de la chouette), Martin Maniez
Mise en pages : Compo Méca

ISBN 978-2-218-96982-9

À la fin du cahier
- Classes grammaticales et fonctions
- Principales confusions orthographiques
- 30 verbes modèles

Au centre du cahier
Le guide Chouette
- Tous les **corrigés** des exercices, avec des explications
- Des informations « spécial parents »
- Des livres à conseiller à votre enfant

TEST

1. Réponds aux questions du test.
2. Vérifie chaque réponse à l'aide du corrigé page 2 du livret détachable.
3. Si ta réponse n'est pas juste, entoure le n° du chapitre : il t'aidera à comprendre tes erreurs.

GRAMMAIRE

CHAPITRE

1. Dans la phrase ci-dessous, quels éléments composent le groupe verbal ? — 1 p. 6

Je prends mon sac dans l'armoire. ☐ verbe et CC ☐ sujet et verbe ☐ verbe et COD

2. Indique la fonction du groupe en couleur dans la phrase ci-dessous. — 3 p. 7

Anatole juge ce film très réussi. ☐ épithète ☐ attribut du COD ☐ attribut du sujet

3. Combien le nom en couleur a-t-il d'expansions ? — 4 p. 9

Palais musée, le magnifique château de Fontainebleau reçoit des milliers de visiteurs.

☐ 1 ☐ 2 ☐ 3 ☐ 4

4. Indique le lien qui unit les propositions de la phrase ci-dessous. — 6 p. 12

Ils avaient peur car il faisait noir.

☐ juxtaposition ☐ coordination ☐ subordination

5. Indique la nature et la fonction de la proposition en couleur dans la phrase ci-dessous. — 8 p. 14

Il a dit à son frère qu'il reviendrait.

Nature : ☐ relative ☐ conjonctive Fonction : ☐ COD ☐ complément du nom

6. Indique quel lien logique exprime la proposition subordonnée en couleur. — 9 p. 15

Comme il fait chaud, nous allons nous baigner.

☐ opposition ☐ conséquence ☐ cause

7. Barre la conjonction de subordination qui n'exprime pas l'opposition. — 11 p. 17

bien que – afin que – même si – quoique – tandis que

CONJUGAISON

CHAPITRE

8. Lesquels de ces verbes prennent la terminaison *-t* à la 3e personne du singulier du présent ? — 13 p. 19

☐ prendre ☐ peindre ☐ résoudre ☐ aller ☐ perdre

Écris-les au passé simple 1re personne du singulier :

je ....

9. Complète la phrase ci-dessous avec la forme verbale qui convient. — 15 p. 21

Ce soir-là, à dix heures, après avoir fini mon livre, je ☐ décidais ☐ décidai d'aller dormir.

10. Avec quelle forme faut-il compléter la phrase ci-dessous ? — 17 p. 23

Pour que je te ☐ crois ☐ croie ☐ croies, tu dois me donner ta parole.

11. Complète la phrase suivante avec la forme du verbe sentir qui convient. — 18 p. 24

Bien qu'il se .... assez bien, il ne voulut pas sortir.

12. Avec quelle forme faut-il compléter la phrase ci-dessous ? — 20 p. 26

Tu m'avais demandé si je ☐ viendrais ☐ viendrai ☐ viens avec toi.

13. En utilisant le conditionnel, transforme cette phrase en une demande atténuée. — 21 p. 27

Ferme la fenêtre ! ....

ORTHOGRAPHE

CHAPITRE

14. Mets au pluriel les GN suivants.

23 p. 30

une chemise orange : des ....

un stylo mauve : des ....

une fleur rose pâle : des ....

15. Quel est l'intrus dans les listes ci-dessous ? Pourquoi ?

24 p. 34

☐ chantant ☐ fatiguant ☐ fatigant ☐ excellant ☐ vaquant

....

16. Complète avec le verbe être au présent la phrase ci-dessous.

25 p. 32

Julie et toi .... sérieux, mais ce n'est pas le cas de ton frère !

17. Avec quelle forme faut-il compléter les phrases ci-dessous ?

26 p. 33

Nous avons fini les exercices que le professeur nous a ☐ donné ☐ donnés ☐ donnée.

Le garçon emporte les livres que sa mère lui a ☐ acheté ☐ achetée ☐ achetés.

18. Avec quelle forme faut-il compléter les phrases ci-dessous ?

27 p. 34

Je n'ai pas vu les lettres qu'ils se sont ☐ écrit ☐ écrits ☐ écrites.

Les mains qu'ils se sont ☐ lavés ☐ lavé ☐ lavées à la fontaine sont propres.

Ils se sont ☐ lavé ☐ lavés ☐ lavées à la fontaine.

19. Coche la bonne forme.

28 p. 35

Il porte des vêtements ☐ tout ☐ tous neufs.

Le temps est nuageux dans la France ☐ tout ☐ toute entière.

20. Complète les phrases avec quelque ou quel que.

30 p.37

Tu es libre, ... soit ton âge.

LECTURE ET EXPRESSION ÉCRITE

CHAPITRE

21. Complète la définition.

33 p. 40

On appelle .... des mots de sens différents mais proches par la prononciation.

22. Coche la bonne réponse.

34 p. 41

L'expression *une obscure clarté* contient

☐ une métaphore ☐ un oxymore ☐ une périphrase.

La phrase *il est beau comme un dieu* contient

☐ une anaphore ☐ une comparaison ☐ une énumération.

La phrase *il pleut des cordes* contient

☐ une comparaison ☐ une métaphore ☐ une personnification.

23. Transforme la phrase ci dessous en paroles rapportées indirectement.

37 p. 46

« Je suis arrivé hier, disait-il, et je repars demain ! »

→ ....

24. Complète les phrases ci-dessous avec des connecteurs logiques.

38 p. 48

Il est courageux .... il porte seul son gros sac .... il n'est pas téméraire.

Tu as très froid .... tu mets un manteau et un bonnet.

Il ne sait vraiment pas s'il doit rire .... pleurer.

25. Coche ci-dessous la phrase qui définit le mieux un texte argumentatif.

39 p. 50

☐ C'est un texte qui permet à son auteur de donner au lecteur son avis, qui est juste.

☐ C'est un texte qui permet à son auteur de convaincre le lecteur que son avis est juste.

GRAMMAIRE

1 La structure d'un groupe verbal

Qu'est-ce qu'un groupe verbal ? De quels éléments est-il composé ?

- L'élément de base d'un groupe verbal (GV) est un **verbe conjugué**.
- À cet élément peuvent s'ajouter :
  – un ou plusieurs **compléments d'objet**, introduits directement (sans préposition = **COD**) ou indirectement (avec préposition = **COI** ou **COS**) ;

	Groupe verbal (GV)			
	Verbe	**COD**	**COI**	**COS**
Verbe suivi d'un complément	*Je lis*	*un livre.*		
	Je pense		*à mes amis.*	
Verbe suivi de deux compléments	*Je donne*	*un conseil*		*à mon frère.*
	Je parle		*de mes amis*	*à mon frère.*

  – un **attribut du sujet**, lorsque le verbe conjugué est le verbe *être*, un verbe d'état (*sembler, rester, paraître*...) ou un autre verbe attributif (*être fait, être nommé*...).
  Théo est sympathique. → *GV = V (est) + attribut du sujet (sympathique).*

★ 1 Ajoute dans les proverbes suivants les GV manquants et indique de quels éléments ils se composent (verbe + complément d'objet ou verbe + attribut).

1. Qui vole un œuf .... → ....
2. La nuit, tous les chats .... → ....
3. L'habit ne .... pas .... → ....
4. Les bons comptes .... → ....

SCORE ..../ 4

★★ 2 Dans le texte suivant, souligne les GV (verbe seul, verbe + CO, ou verbe + attribut).

Chaque lundi matin, le brocanteur qui logeait sous l'allée étalait par terre ses ferrailles. Puis la ville se remplissait d'un bourdonnement de voix. Vers midi, au plus fort du marché, un vieux paysan de haute taille, la casquette en arrière, le nez crochu, apparaissait sur le seuil. Robelin était le fermier de Geffosses. Peu après, arrivait Liébard, le fermier de Toucques, petit, rouge et obèse ; il portait une veste grise.

D'après G. Flaubert, « Un cœur simple », in *Trois contes*, 1877.

SCORE ..../ 8

COUP DE POUCE
Dans la première phrase, tu dois souligner *logeait* mais aussi un groupe verbal constitué d'un verbe et d'un complément d'objet.

★★ 3 Classe dans le tableau suivant les GV que tu as soulignés dans l'exercice 1.

Verbe seul	Verbe + complément d'objet	Verbe + attribut
....	....	....
....	....	....
....	....	....

SCORE ..../ 8

COUP DE POUCE
Tu dois relever trois groupes verbaux composés du verbe seul.

Corrigés p. 2

TOTAL ..../ 20

GRAMMAIRE

2 Reconnaître un attribut du COD

À quoi sert un attribut du COD ?

- L'attribut du sujet exprime une caractéristique du sujet par l'intermédiaire d'un verbe attributif (voir l'unité 5). L'attribut du COD, lui, exprime **une caractéristique du COD par l'intermédiaire d'un verbe d'opinion** comme *trouver, juger, considérer comme, estimer, croire...* et aussi après des verbes tels que : *nommer, appeler, élire, rendre.*

Ils jugèrent la maison ***trop petite****.*
sujet verbe COD attribut du COD
→ *Trop petite* qualifie *la maison*, c'est un attribut du COD *la maison*.

1 **Coche la bonne case selon la fonction des mots en couleur.**

	COD	Attribut du sujet	Attribut du COD
J'ai trouvé ce livre génial !			
Les élèves ont élu Lola déléguée de classe.			
Ils les jugent trop petites pour partir.			
Ils pensent qu'elles sont trop jeunes pour participer.			
Ils appellent leur chat Hercule.			

SCORE .... / 5

2 **Souligne les COD des verbes en couleur ; encadre les attributs de ces COD.**

Sur la planète Mars, on estime l'éducation des enfants très importante. Les collèges préparent les élèves en tenant compte de leurs capacités : on considère chacun comme apte à poursuivre des études longues. Parce qu'ils jugent primordiale la découverte des métiers, les Martiens organisent des stages tout au long de la scolarité.

SCORE .... / 6

ATTENTION
Dans un cas, l'attribut du COD est placé après le COD.

3 **Relève dans le texte précédent un attribut du sujet :** ....

SCORE .... / 1

Où se place-t-il ?

- L'attribut du COD se place **à côté du COD** qu'il caractérise, **sauf si ce dernier est un pronom** : il faut veiller dans ce cas à ne pas faire de faute d'accord.

Elle trouva les fleurs ***si belles*** *qu'elle les crut* ***fausses****.*
L'attribut du COD *fausses* s'accorde avec le COD *les* (mis pour *fleurs*).

4 **Accorde les adjectifs attributs du COD.**

1. Nous avons tous trouvé les exercices (facile) ....
2. Je crois Magali très (doué) .... sur le plan artistique.
3. Ils estiment ces mesures (nécessaire) ....
4. Je ne les crois pas (capable) .... de commettre cet acte.

SCORE .... / 4

COUP DE POUCE
Repère d'abord le COD avec lequel s'accorde l'adjectif attribut du COD.

Corrigés p. 2-3

TOTAL .... / 16

GRAMMAIRE

3 Complément de verbe et complément de phrase

Comment distinguer un complément de verbe et un complément de phrase ?

- Un **complément de verbe** complète un verbe **de manière obligatoire** : on ne peut ni le supprimer ni le déplacer. Les compléments d'objet sont des compléments de verbe.

  *Vous avez reçu **un document d'information**.* → *Vous avez reçu...* (phrase incomplète)

- Un **complément de phrase**, lui, complète une phrase **de manière facultative**. Il peut être non seulement déplacé mais aussi supprimé.

  *Vous avez reçu un document d'information **le mois dernier**.*
  → ***Le mois dernier**, vous avez reçu un document d'information.*
  → *Vous avez reçu un document d'information.* (phrase possible)

★★ **1** **Analyse les phrases et complète le tableau.**

La victoire de la Révolution russe.
En janvier 1918, les bolcheviques dissolvent l'Assemblée constituante par un coup de force. Une guerre civile les oppose alors aux « Blancs ». Le parti bolchevique devient le parti unique. En 1921, l'Armée rouge, recrutée par Trotski, l'emporte sur les Blancs.

Verbe	Complément(s) de verbe (CO, attribut du sujet)	Complément de phrase
dissolvent	l'Assemblée constituante	par un coup de force
....	....	....
....	....	....
....	....	....

SCORE .... / 9

Comment classer les compléments circonstanciels ?

- Les compléments circonstanciels (CC) **apportent des précisions sur les circonstances de l'action** exprimée par le verbe. Ce sont le plus souvent des compléments de phrase, **facultatifs** (par exemple, *le mois dernier* dans la phrase précédente est un CC de temps). Certains cependant sont **obligatoires**.

  *Je vais **à Paris**.* (complément de verbe exprimant le lieu)

★ **2** **Indique, pour chaque complément de temps ou de lieu en couleur, s'il s'agit d'un complément de verbe** (CV) **ou d'un complément de phrase** (CP).

1. À la mort de Lénine en 1924 (..............), Staline et Trotski s'opposent.

2. Trotski est exclu du Parti communiste (..............), puis chassé d'URSS (..............).

3. Les paysans doivent travailler dans de vastes exploitations collectives (..............).

SCORE .... / 4

COUP DE POUCE
Si tu ne peux pas supprimer le complément, il s'agit d'un complément de verbe.

Corrigés p. 3

TOTAL .... / 13

GRAMMAIRE

4 Les expansions du nom

Comment un nom peut-il être complété ?

- Parmi les expansions du nom, on distingue l'**épithète** et le **complément du nom**.

  Ce matin brille un ***chaud*** *soleil* ***d'été****.*
  → L'adjectif *chaud* est épithète du nom *soleil*.
  → Le GN *d'été* est complément du nom *soleil*.

- Construite de façon détachée, le plus souvent entre virgules, l'**apposition** est ajoutée à un GN. C'est une expansion du GN.

  Ce matin brille un chaud soleil d'été, ***bien agréable****.*
  → L'apposition, isolée par une virgule, complète le GN un chaud soleil d'été.

- La **proposition subordonnée relative** est une expansion du nom ou du GN.

  Le soleil est l'étoile ***qui est au centre du système solaire****.*
  → La proposition relative complète le nom *étoile*.

COUP DE POUCE
Parmi les expansions à relever, il y a cinq compléments du nom.

1 Dans le texte suivant, souligne les expansions des noms en couleur et indique s'il s'agit d'épithètes, de compléments du nom ou de propositions relatives.

Chaque année, la fête municipale de Livry-Gargan, tout le monde s'y prépare longtemps

....

à l'avance. Les parents, les enfants et surtout les commères du quartier parce qu'à la ker-

....

messe, tu refais ta réserve de ragots. Y avait [...] des groupes de musique qui défilaient. Des

....

jeunes de la cité sont venus rapper. Y avait même des filles qui chantaient avec eux.

....

F. Guène, *Kiffe kiffe demain* © Hachette littératures, 2004. © Librairie Arthème Fayard, 2010.

SCORE .... / 6

2 Complète les proverbes, puis indique la classe et la fonction de l'expansion utilisée.

1. Au royaume ...., les borgnes sont rois. → ....
2. Après la pluie, le .... temps. → ....
3. Pierre .... n'amasse pas mousse. → ....

SCORE .... / 6

ATTENTION
Veille au sens de la phrase et aux accords.

3 Réécris la phrase en ajoutant les expansions suivantes :
émouvants – de théâtre – qui ont été adaptés au cinéma – du XIXe siècle – français.

Victor Hugo est un écrivain. Il a écrit des poèmes, des pièces et des romans.

....

....

SCORE .... / 5

Corrigés p. 3

TOTAL .... / 17

GRAMMAIRE

5 Les formes de phrase

Qu'est-ce qui caractérise la forme négative ?

- Quel que soit son type (déclaratif, interrogatif, exclamatif ou impératif), une phrase peut se présenter sous une forme affirmative ou négative.
  Je suis en vacances. → Forme affirmative.
  *Je **ne** suis **pas** en vacances.* → Forme négative.
- Toute phrase de forme affirmative peut devenir négative **si l'on ajoute une négation** comme *ne... pas ; ne... plus ; ne... jamais ; ne... rien...*

★ 1 Mets les phrases suivantes à la forme négative en faisant porter la négation sur le terme souligné.

1. Tout le monde est d'accord sur ce point. ....
2. J'ai appris quelque chose d'intéressant. ....
3. Cherche encore le stylo perdu. ....
4. Tu es allé chez lui une seule fois. ....

SCORE ..../ 4

ATTENTION
Tu dois changer tous les termes soulignés pour obtenir des phrases à la forme négative.

Qu'appelle-t-on la forme emphatique ?

- Dans la **forme neutre**, aucun mot n'est mis en relief.
  Il se promène dans la rue sans but précis.
- Dans la **forme emphatique**, l'un des constituants est mis en relief :
  – par la tournure présentative ; ***C'est** sans but précis **qu'**il se promène dans la rue.*
  – par le déplacement en tête de phrase. ***Dans la rue déserte** marchait un homme courbé.*

★ 2 Indique la forme de chacune de ces phrases.

1. Ce fut pour elle seule qu'il fit tous ces exploits. ....
2. Amélie ne s'occupe jamais de ses petits frères. ....
3. Voilà qu'il pleut à nouveau ! ....
4. Je ne connais pas ses pensées. ....
5. Je partirai de bonne heure pour éviter la foule. ....
6. Ce n'est pas lui que j'ai vu l'autre jour. ....

SCORE ..../ 6

INFO
Une phrase peut être neutre ou emphatique et négative ou affirmative.

★★ 3 Transforme les phrases emphatiques suivantes en phrases neutres.

1. C'est bien elle que tu as vue partir. ....
2. Vraiment, moi, ton histoire, je n'y crois pas un instant ! ....
3. C'est bien avant que tout a commencé. ....

4. Est-ce que c'est vous qui m'avez téléphoné ? ....

....

SCORE .... / 4

4 Transforme les phrases neutres en phrases emphatiques.

1. Je suis l'aîné de cinq garçons. ....
2. Ce footballeur est un futur champion. ....
3. L'éruption du Vésuve a détruit Pompéi. ....
4. Cet acteur a joué dans des films et des séries américaines. ....

....

SCORE .... / 4

COUP DE POUCE
Utilise la tournure courante *c'est... qui* ou *que*.

5 Dans les phrases suivantes, indique quel procédé de mise en relief est utilisé.

	Déplacement d'un CC en tête de phrase	Utilisation d'un présentatif
C'est toi qui remplaces ton frère.		
Dans les champs paissent des vaches.		
Par habitude, l'enfant traverse sans regarder.		
C'est une histoire que tu m'as déjà racontée.		
Du haut des gradins, je vois tout le stade.		

SCORE .... / 5

À quoi sert la forme passive ?

La forme passive permet de **mettre en valeur l'objet qui subit l'action du verbe**.

- **Voix active** : *Les médecins ont pris en charge* ***les blessés****.*
- **Voix passive** : ***Les blessés*** *ont été pris en charge par les médecins.*
  → *Les blessés*, COD de *ont pris en charge*, devient sujet dans la phrase passive. Placé en tête de phrase, il est mis en relief.

6 Mets les phrases à la forme passive, puis souligne l'élément mis en valeur.

1. Le lycée organise un voyage en Espagne chaque année.

....

2. Un archéologue a récemment retrouvé de rares manuscrits antiques.

....

3. Le gouvernement annoncera prochainement une série de réformes.

....

SCORE .... / 6

ATTENTION
Un verbe au passif est conjugué avec l'auxiliaire *être*.

7 *Des attentats ont frappé les États-Unis.* Réécris cette phrase en mettant en relief *les États-Unis* grâce aux procédés indiqués entre parenthèses.

1. *(présentatif)* ....
2. *(passif)* ....

SCORE .... / 2

Corrigés p. 3-4

TOTAL .... / 31

6 La structure d'une phrase complexe

Quels peuvent être les liens entre deux propositions ?

- Une phrase complexe contient **au moins deux verbes conjugués** ; elle est donc composée d'**au moins deux propositions** qui peuvent être :
  - **juxtaposées**, c'est-à-dire séparées par une virgule, un point virgule ou deux-points ; *Il rit, il a enfin gagné.*
  - **coordonnées**, c'est-à-dire reliées par une conjonction de coordination (*mais*, *ou*, *et*...) ou un adverbe de liaison (*puis*, *ainsi*...) ; *Il rit car il a enfin gagné.*
  - **subordonnées**, c'est-à-dire reliées par un mot subordonnant (conjonction de subordination, pronom relatif ou mot interrogatif). *Il rit parce qu'il a enfin gagné.*
- Dans une phrase composée de deux propositions juxtaposées ou coordonnées, chaque proposition est **indépendante** des autres. Une proposition **subordonnée**, elle, ne peut fonctionner toute seule : elle complète une autre proposition, appelée **principale**, dont elle dépend.

★ 1 Lis le texte suivant, souligne les verbes conjugués, puis complète le tableau.

Igor Beshevich, obsédé par le mot « paliure », se rend chaque jour au musée où il travaille comme gardien, sans rien voir de la foule grouillante autour de lui.

> Le service d'Igor Beshevich commençait à six heures et l'encombrement des rues du quartier Mlanecsz l'avait déjà bien trop retardé (a). La foule lambinait comme un gros serpent le long des boutiques d'écriture et de bougies ; chacun essayait tant bien que mal d'éviter les mares formées par la neige fondante dans le ruisseau (b). Les femmes surtout étaient les plus lentes à force de relever leurs jupons pour qu'ils ne soient pas crottés (c).

P. Claudel, « Paliure », in *Les Petites Mécaniques* © Mercure de France, 2003.

Phrase du texte	Nombre de verbes conjugués	Mot ou signe reliant les propositions	Juxtaposition, coordination, ou subordination ?
(a)	....	....	....
(b)	....	....	....
(c)	....	....	....

SCORE .... / 5

COUP DE POUCE
Il y a six verbes conjugués.

★★ 2 Transforme chaque couple de propositions en une phrase complexe en suivant l'indication en italique.

1. Je me lève. Il est déjà neuf heures. → (subordination)

....

2. Je souris. Il me rend mon sourire. → (coordination)

....

3. Igor est énervé. Tout l'irrite. → (juxtaposition)

....

SCORE .... / 3

ATTENTION
C'est le sens des propositions qui te permet de trouver la bonne réponse.

Corrigés p. 4

TOTAL .... / 8

GRAMMAIRE

7 Les subordonnées (1) : natures

Quelles sont les différentes natures de subordonnées ?

- Une proposition **subordonnée** est reliée à la **principale** par un **mot subordonnant**.
- Selon le cas, le mot subordonnant est :
  – un **pronom relatif** (*qui, que, quoi, dont, où, lequel* et ses composés) qui introduit une **proposition subordonnée relative** (voir l'unité 4) ;
  *L'homme [**qui** est venu] est grand et barbu.*
  – un **mot interrogatif** (*qui, quoi, lequel, quel, si, quand, comment, pourquoi*...) qui introduit une **proposition subordonnée interrogative indirecte** ;
  *Il me demande [**qui** est venu].*
  – une **conjonction de subordination** (*que, quand, parce que, pour que, après que*...) qui introduit une **subordonnée conjonctive**.
  *Je sais [**que** tu viendras] [**quand** tu pourras].*

1 Souligne tous les mots subordonnants puis classe-les dans le tableau.

COUP DE POUCE Tu dois trouver huit mots subordonnants. Certains sont semblables.

Un après-midi, ma mère m'avait demandé si j'aimerais aller à Luna Park. [...] Quand j'y repense aujourd'hui, je crois qu'elle voulait tout simplement que je la laisse seule cet après-midi-là. [...] elle m'a tendu un grand billet de banque et elle m'a dit :
« Va t'amuser à Luna Park. » [...]
Quand j'ai acheté le ticket, à l'entrée, le monsieur a paru surpris que je paye avec un aussi gros billet. Il m'a rendu la monnaie et il m'a laissée passer. Une journée d'hiver. On aurait dit qu'il faisait nuit. [...] Ce qui me frappait surtout, c'était le silence.

P. Modiano, *La Petite Bijou* © Gallimard, 2001.

Pronom relatif	Mot interrogatif	Conjonction de subordination
....	....	....
....	....	....

SCORE ..../ 16

2 Complète les phrases suivantes avec le mot subordonnant qui convient.

COUP DE POUCE Pour la phrase 2, plusieurs réponses sont possibles.

COUP DE POUCE Garde bien en mémoire la liste des pronoms relatifs.

1. (pronom relatif) Des garçons .... les chaussures étaient trouées me regardaient.
2. (conjonction de subordination) Je suis parti en courant .... j'ai eu peur.
3. (mot interrogatif) Ils m'ont demandé .... j'avais peur.
4. (pronom relatif) J'ai donné les billets .... me restaient.

SCORE ..../ 4

3 Coche l'intrus.

1. ❑ qui ❑ que ❑ quel ❑ dont ❑ lequel ❑ où
2. ❑ que ❑ parce que ❑ qui ❑ pour que ❑ lorsque ❑ après que
3. ❑ si ❑ pourquoi ❑ dont ❑ qui ❑ comment ❑ quand

SCORE ..../ 3

Corrigés p. 5

TOTAL ..../ 23

GRAMMAIRE

8 Les subordonnées (2) : fonctions

Quelle est la fonction d'une subordonnée relative ?

- Une subordonnée relative est le plus souvent **complément du nom**.
Le pronom relatif qui l'introduit représente ce nom appelé **antécédent**.

*Il n'a pas vu le taureau [**que** cachait le brouillard].*
sub. relative compl. de l'antécédent

1 Souligne les propositions compléments d'un nom et entoure le nom complété.

On contait de lui qu'à Corte, où il avait pris femme, il s'était débarrassé fort vigoureusement d'un rival qui passait pour aussi redoutable en guerre qu'en amour : du moins on attribuait à Mateo certain coup de fusil qui surprit ce rival comme il était à se raser devant un petit miroir pendu à sa fenêtre. L'affaire assoupie, Mateo se maria. Sa femme Giuseppa lui avait donné d'abord trois filles (dont il enrageait), et enfin un fils, qu'il nomma Fortunato : c'était l'espoir de sa famille, l'héritier du nom.

P. Mérimée, *Mateo Falcone*, 1829.

SCORE .... / 10

COUP DE POUCE
Tu dois trouver cinq propositions subordonnées relatives.

Quelle subordonnée complète un verbe ou une phrase ?

- Une proposition **complément** d'un verbe est une **subordonnée complétive** (interrogative indirecte ou conjonctive).

*Il a compris [**que** le brouillard cachait un taureau].*
sub. complétive COD

- Une proposition **complément d'une phrase** est une **subordonnée circonstancielle** (de temps, de cause, de but...).

*Il n'a pas vu le taureau [**parce qu'**il y avait du brouillard].*
sub. circonstancielle CC de cause

2 Dans le texte de l'exercice 1, relève une subordonnée COD et une subordonnée CC.

1. Subordonnée complétive : ....
2. Subordonnée circonstancielle : ....

SCORE .... / 2

3 Coche la fonction de la proposition en couleur.

	COD	CC
1. J'entendais ses sabots quand il marchait sur le chemin.		
2. Je ne sais pas si je pourrai lui échapper.		
3. Si j'arrive au bout du chemin, je suis sauvé.		
4. Pendant que tu cours, tu ne peux pas voir le taureau.		
5. Le taureau dont tu as peur n'est pas une bête sauvage.		
6. Je pense que tu as éprouvé la peur de ta vie.		

SCORE .... / 6

ATTENTION
Une subordonnée CC est déplaçable et supprimable à l'inverse d'une subordonnée complétive.

Corrigés p. 5

TOTAL .... / 18

GRAMMAIRE

9 Exprimer la cause et la conséquence

Par quels procédés exprime-t-on la cause ?

- Dans une phrase complexe, la cause est exprimée par une **proposition subordonnée circonstancielle de cause (= causale)**, introduite le plus souvent par les conjonctions de subordination *parce que, comme, puisque*… + indicatif.

  *Le juge pleure [**parce que** son fils est malade].*

- Si les propositions sont coordonnées, elles peuvent être reliées par *car, en effet*…

1 Lis ce texte et souligne les propositions subordonnées de cause.

– Vous voulez mon avis ? Ils sont malheureux parce qu'ils ne se laissent pas aller. Et je sais ce que je dis.

– Il sait en effet ce qu'il dit, ajoutait Tarrou. […] Autant qu'il est possible, il est à l'aise dans la terreur. Mais parce qu'il a ressenti tout cela avant eux, je crois qu'il ne peut pas éprouver tout à fait avec eux la cruauté de cette incertitude. […] Puisque lui-même a vécu dans la terreur, il trouve normal que les autres la connaissent à leur tour. Plus exactement, la terreur lui paraît alors moins lourde à porter que s'il y était tout seul.

A. Camus, *La Peste* © Gallimard, 1947.

SCORE ……… / 3

COUP DE POUCE
Tu dois trouver trois propositions subordonnées de cause.

Par quels procédés exprime-t-on la conséquence ?

- Dans une phrase complexe, la conséquence est exprimée par une **proposition subordonnée de conséquence (= consécutive)**, introduite par les conjonctions de subordination *si bien que, de sorte que, si… que, tant… que, tellement… que*… + indicatif.

  *Son fils est **si** malade [**que** le juge pleure].*

- Si les **propositions** sont **coordonnées**, elles peuvent être reliées par *donc, c'est pourquoi*…

2 À l'oral, reprends chaque phrase complexe du texte de l'exercice 1 contenant une causale (soulignée) et transforme-la de façon à mettre en évidence l'idée de conséquence.

Ex. : *Tous sont malades parce que la peste sévit.* → *La peste sévit si bien que tous sont malades.*

SCORE ……… / 3

INFO
La causale devient proposition principale tandis que la proposition principale devient une consécutive introduite par *si bien que* ou *de sorte que*.

3 Les phrases suivantes sont constituées de deux propositions coordonnées. Indique le lien logique exprimé (cause ou conséquence).

1. Le client de l'hôtel est en colère car il y a du désordre dans sa chambre. → ……………
2. Le temps était orageux, j'ai donc pris mon parapluie. → ……………………………
3. Il a froid, c'est pourquoi il tremble. → ……………………………………………
4. Les rats font peur aux gens, car ils apportent la peste. → ……………………………

SCORE ……… / 4

Corrigés p . 5-6

TOTAL ……… / 10

GRAMMAIRE

10 Exprimer le but

Par quels procédés exprime-t-on le but ?

- Dans une phrase simple, le but est exprimé par un GN ou un infinitif introduit par la préposition *pour*.

  *Il choisit un livre [**pour** le lire].*

- Dans une phrase complexe, le but est exprimé par une **proposition subordonnée circonstancielle de but (= finale)**, introduite par les conjonctions de subordination *pour que* ou *afin que...* + subjonctif.

  *Le père marche doucement [**pour que** son enfant puisse le suivre].*

1 **Lis le texte et délimite par des crochets les propositions subordonnées de but.**

Un peintre a pris comme modèle sa femme, qui pose pour lui des heures durant.

La pose fut ainsi pour elle une torture. La bonne vie à deux avait cessé, comme s'il eût introduit dans la maison une maîtresse. Il la tuait à la pose pour embellir l'autre. [...] Quelle souffrance de prêter sa chair, pour que l'autre naquît, pour que le cauchemar de cette rivale les hantât, fût toujours entre eux !

D'après É. Zola, *L'Œuvre*, 1886.

SCORE ..../ 3

COUP DE POUCE
Une des propositions à trouver n'est pas introduite par une conjonction (pour éviter une répétition).

2 **Souligne dans le texte de l'exercice 1 une phrase simple contenant un CC de but.**

SCORE ..../ 1

3 **Transforme chaque couple de phrases simples en une phrase complexe contenant une principale et une subordonnée de but.**

ATTENTION
Attention au sens et au mode des verbes.

1. Le tableau progresse. Claude peint beaucoup.

→ ....

2. La jeune femme garde la pose. Claude la peint.

→ ....

SCORE ..../ 2

Pourquoi exprime-t-il toujours le but ?

- **Différencier but et conséquence** est parfois difficile, en raison de l'utilisation de la même conjonction *pour que*.

  *Le père marche trop vite [**pour que** son enfant puisse le suivre].*

  → *Pour que* annoncé par *assez* ou *trop* exprime la conséquence.

4 ***Pour que* introduit-il une subordonnée de but ou de conséquence ?**

1. Claude fait des efforts pour que le tableau soit parfait. → ....

2. Le tableau n'est pas assez beau pour que Claude soit content. → ....

SCORE ..../ 2

Corrigés p. 6

TOTAL ..../ 8

GRAMMAIRE

11 Exprimer l'opposition

Par quels procédés exprime-t-on l'opposition ?

- Dans une **phrase simple**, l'opposition est exprimée par **un GN ou un infinitif** introduit par l'une de ces prépositions : *malgré, en dépit de, au lieu de...*

  *[**Malgré** son goût pour la solitude,] il a de nombreux amis.*

- Dans une **phrase complexe**, l'opposition peut être exprimée par **une proposition coordonnée** à l'aide de la conjonction de coordination *mais* ou d'un adverbe comme *pourtant, cependant, néanmoins.*

  *Il est souvent entouré d'amis [**mais** il aime parfois rester seul].*

- On peut recourir aussi à **une proposition subordonnée d'opposition** introduite par l'une des conjonctions de subordination suivantes : *bien que, quoique, même si, quand bien même, tandis que...*

  *[**Bien qu'**il aime la solitude,] il est souvent entouré d'amis.*

1 Dans chaque phrase, souligne l'ensemble des mots qui expriment l'opposition.

1. Malgré tous ses efforts, il n'a pas gagné.
2. Même s'il ne participe pas à cette compétition, il s'y intéresse vivement.
3. La maison paraît inoccupée, mais des grincements réguliers prouvent le contraire.

SCORE .... / 3

2 Transforme chaque couple de phrases simples en une phrase complexe comportant une proposition subordonnée d'opposition.

1. Je suis pressé. Je prends mon temps.

→ ....

2. La lampe reste éteinte. Il fait nuit.

→ ....

3. Il est triste au fond de lui. Il sourit à son enfant.

→ ....

SCORE .... / 3

INFO

Une proposition subordonnée d'opposition qui contient le verbe *être* peut être elliptique (sans verbe) si elle a le même sujet que la principale : *Bien qu'[elle soit] en retard, elle ne se presse pas.*

3 Après avoir souligné la proposition subordonnée d'opposition, réécris le texte sur ton cahier de brouillon, de façon à obtenir deux propositions coordonnées exprimant la même idée.

Avant de maîtriser le feu et cuire les aliments, les hommes préhistoriques, habitués à manger des végétaux, doivent se débrouiller comme ils peuvent pour manger de la viande crue.

Et, bien que les meilleurs morceaux ne soient pas faciles à déchirer ni à manger avec une dentition d'herbivore, on peut auparavant les dépecer et les émietter avec des pierres et finir de les mastiquer tant bien que mal avec les molaires.

D'après R. Lewis, *Pourquoi j'ai mangé mon père* (1960), trad. Vercors et R. Barisse © Actes Sud, 1990.

SCORE .... / 2

COUP DE POUCE

Pense à transformer *soient.*

Corrigés p. 6

TOTAL .... / 8

12 Exprimer la condition

Par quel procédé exprime-t-on la condition dans une phrase simple ?

- Dans une **phrase simple**, la condition est exprimée par **un GN ou un infinitif** introduit par l'une des prépositions suivantes : *avec, sans, en cas de, à condition de, à moins de...*

  *[**En cas de** pluie,] l'excursion sera annulée.*

★ 1 Complète chaque phrase en ajoutant une préposition devant le CC de condition.

1. .... grève, les cours sont suspendus pour la journée.
2. .... message de ta part d'ici demain, je considère que tu es d'accord.
3. Je peux aller à son mariage, ... y être invité.

SCORE ..../ 3

Par quel procédé exprime-t-on la condition dans une phrase complexe ?

- Dans une **phrase complexe**, la condition est exprimée par **une proposition subordonnée de condition** introduite le plus souvent par la conjonction de subordination *si* (voir l'unité 15).

  *[**Si** la mer est agitée,] le bateau reste au port.*

- On peut recourir également à d'autres conjonctions de subordination : *au cas où, à condition que, suivant que, à supposer que, à moins que, soit que... soit que...*

  *[**Au cas où** on nous donnerait le choix,] je préférerais rester au lit.*

★ 2 Souligne les propositions subordonnées de condition du texte.

> Sur le penchant de quelque agréable colline bien ombragée, j'aurais une petite maison blanche avec des contrevents verts, si j'étais riche ; et quoique une couverture de chaume soit en toute saison la meilleure, je préférerais magnifiquement, non la triste ardoise, mais la tuile, parce qu'elle a l'air plus propre et plus gai que le chaume.
> Si quelque fête champêtre rassemblait les habitants du lieu, j'y serais des premiers avec ma troupe ; si quelques mariages se faisaient à mon voisinage, on saurait que j'aime la joie, et j'y serais invité.

D'après J.-J. Rousseau, *Émile ou De l'éducation*, 1761.

SCORE ..../ 3

COUP DE POUCE
Tu dois trouver trois subordonnées de condition.

★★ 3 Transforme les CC de condition en propositions subordonnées de condition.

1. Sauf contrordre de votre part, je me présenterai à votre bureau demain matin.

→ ....

2. Mets un message sur mon répondeur en cas de nécessité.

→ ....

3. Le crédit sera accordé sous réserve d'acceptation du dossier.

→ ....

SCORE ..../ 3

ATTENTION
Le verbe d'une proposition subordonnée de condition introduite par *si* est toujours à l'indicatif.

Corrigés p. 6-7

TOTAL ..../ 9

CONJUGAISON

13 L'indicatif présent : cas difficiles

Quelles règles retenir pour conjuguer des verbes du 3e groupe au présent ?

- À l'indicatif présent, les verbes du **3e groupe** ont ceci de particulier que leur radical n'est pas fixe ; par ailleurs, aux **personnes du singulier**, les terminaisons les plus fréquentes (*-s*, *-s*, *-t*) ne sont pas systématiques.
- Observe ce tableau.

Verbes	1re personne du sing.	2e personne du sing.	3e personne du sing.
verbes en *-tir* (perdent le *-t*)	**-s** : *je mens*	**-s** : *tu mens*	**-t** : *il ment*
verbes en *-dre*	**-ds** : *je perds*	**-ds** : *tu perds*	**-d** : *il perd*
verbes en *-indre* et *-soudre* (perdent le *-d*)	**-s** : *je peins, je résous*	**-s** : *tu peins, tu résous*	**-t** : *il peint, il résout*
battre, mettre (+ dérivés)	**-ts** : *je bats, je mets*	**-ts** : *tu bats, tu mets*	**-t** : *il bat, il met*
vaincre (+ dérivés)	**-cs** : *je vaincs*	**-cs** : *tu vaincs*	**-c** : *il vainc*
rompre (+ dérivés)	**-ps** : *je romps*	**-ps** : *tu romps*	**-pt** : *il rompt*
pouvoir, vouloir, valoir	**-x** : *je peux, je veux, je vaux*	**-x** : *tu peux, tu veux, tu vaux*	**-t** : *il peut, il veut, il vaut*

1 Complète le tableau suivant en conjuguant les verbes à l'indicatif présent.

	partir	craindre	convaincre	permettre
1re pers. sing.	....	....	....	....
3e pers. sing.	....	....	....	....
3e pers. plur.	....	....	....	....

SCORE ..../ 12

ATTENTION
Certains verbes changent de radical entre le singulier et le pluriel.

2 Raye l'intrus.

1. résoudre – coudre – absoudre – dissoudre – éteindre
2. éteindre – joindre – craindre – tendre – résoudre

SCORE ..../ 2

COUP DE POUCE
Observe la structure des verbes et pense à l'orthographe de leur présent.

3 Dans ces vers de Paul Verlaine, écris au présent les verbes entre parenthèses.

Éloigné de vos yeux, Madame, par des soins Impérieux (j'en (prendre) .... tous les dieux à témoins), Je (languir) .... et je (mourir) ...., comme c'est ma coutume En pareil cas, et (aller) ...., le cœur plein d'amertume, À travers des soucis où votre ombre me (suivre) ...., Le jour dans mes pensers, dans mes rêves la nuit.

P. Verlaine, « Lettre », in *Fêtes galantes*, 1869.

SCORE ..../ 5

COUP DE POUCE
Un des verbes est à la 3e personne du singulier.

Corrigés p. 7

TOTAL ..../ 19

CONJUGAISON

14 Le passé simple

Comment forme-t-on le passé simple ?

- Pour les verbes des 1er et 2e groupes, les terminaisons du passé simple sont stables.
  1er groupe : *-ai, -as, -a, -âmes, -âtes, -èrent*
  2e groupe : *-is, -is, -it, -îmes, -îtes, -irent*

- Les verbes du **3e groupe** se terminent par : *-is, -is, -it, -îmes, -îtes, -irent,*
  ou *-us, -us, -ut, -ûmes, -ûtes, -urent.*
  Sauf *aller, venir, tenir* et les dérivés de ces deux verbes.
  aller : *j'allai, tu allas, il alla, nous allâmes, vous allâtes, ils allèrent*
  venir : *je vins, tu vins, il vint, nous vînmes, vous vîntes, ils vinrent*
  tenir : *je tins, tu tins, il tint, nous tînmes, vous tîntes, ils tinrent*

INFO
Le passé simple est essentiellement utilisé à l'écrit.
Il faut mémoriser les formes des verbes les plus courants.

★ 1 Complète le tableau suivant en conjuguant les verbes au passé simple.

	suivre	courir	faire	devoir	finir
1re pers. sing.	....	....	....	....	....
3e pers. sing.	....	....	....	....	....
3e pers. plur.	....	....	....	....	....

SCORE ..../ 15

★ 2 Raye l'intrus dans chaque série.

COUP DE POUCE
Dans chaque série, un des verbes n'est pas au passé simple.

1. voulus – dus – venus – pus – crus
2. posa – récupéra – criera – erra

SCORE ..../ 2

★★ 3 Écris les verbes entre parenthèses au passé simple pour retrouver le texte original.

COUP DE POUCE
Le verbe *revenir* se conjugue comme *venir*.

Quand l'inspecteur (revenir) ...., il (trouver) .... Maigret campé sur le balcon [...]. Maigret (poser) .... le miroir debout sur la table et, à l'aide de deux chandeliers qu'il (prendre) .... sur la cheminée, il (dresser) .... vis-à-vis la feuille de papier buvard.

G. Simenon, *Le Chien jaune* © 1931 Georges Simenon Limited, une société du groupe Chorion.

SCORE ..../ 5

★★ 4 Réécris cette phrase au passé simple un remplaçant « les enfants » par« je ».

Arrivés au grenier, les enfants demeurent saisis d'étonnement, puis bondissent vers une vieille malle. Ils ne parviennent pas à l'ouvrir, si bien qu'ils se mettent à imaginer un trésor caché.

→ Arrivé(e) au grenier, je ....

....

....

SCORE ..../ 10

Corrigés p. 7

TOTAL ..../ 32

CONJUGAISON

15 Employer le passé simple et l'imparfait

Comment choisir entre le passé simple et l'imparfait ?

Pour éviter toute confusion entre imparfait et passé simple, il faut connaître les formes et le sens de chaque temps.

- **Les formes** : à la différence de celles du passé simple (voir unité 14), les terminaisons de l'imparfait sont stables, quel que soit le verbe : ***-ais, -ais, -ait, -ions, -iez, -aient***. Attention à l'**homophonie**, pour les verbes du 1re groupe, entre la 1re personne du singulier du **passé simple** et celle de l'**imparfait**.

  parler → je parlai ***(passé simple)****, je parlais* ***(imparfait)***

- **Le sens** : le passé simple exprime une action achevée, alors que l'imparfait exprime une action non achevée, qui dure ou qui se répète.

  Il voyagea. → Le passé simple décrit l'action de *voyager* **du début à la fin**.
  Il voyageait. → L'imparfait envisage l'action de *voyager* **dans son déroulement**.

1 Indique à quel temps sont les verbes en couleur, puis justifie chaque emploi.

1. Olivier salua (.....................) Mme Lucien qui frottait (.....................) avec son index les gencives de son bébé. • **2.** À l'épicerie, on grillait (.....................) du café et toute la rue embaumait (.....................).

D'après R. Sabatier, *Les Allumettes suédoises* © avec l'aimable autorisation des Éditions Albin Michel,1969.

1. ....

2. ....

SCORE .... / 8

> **INFO**
> Le passé simple s'emploie en général pour exprimer des actions de premier plan tandis que l'imparfait permet de décrire un arrière-plan.

2 Réécris les phrases au passé, en utilisant le passé simple ou l'imparfait, selon le cas.

1. Pendant que je le regarde, il lit la lettre.

→ ....

2. Quand je vois la vitrine, je change soudain d'avis.

→ ....

3. Je passe chez eux chaque année de délicieuses vacances.

→ ....

SCORE .... / 5

> **COUP DE POUCE**
> Repère les mots qui indiquent la durée ou la répétition, ce qui te permet d'utiliser l'imparfait.

3 Conjugue les verbes entre parenthèses au passé simple ou à l'imparfait, selon le cas.

Ackroyd vient de recevoir une lettre. Il refuse de la lire devant le narrateur.

Ackroyd (être) .... fort entêté ; plus on le (pousser) .... à accomplir un acte, plus il s'y (refuser) .... [...] La main sur la poignée de la porte, j'(hésiter) .... et (regarder) .... en arrière. [...] Je (sortir) .... en hochant la tête et je (fermer) .... la porte derrière moi.

A. Christie, *Le Meurtre de Roger Ackroyd*, trad. M. Dou-Desportes © Le Masque, 1927.

SCORE .... / 7

> **COUP DE POUCE**
> Comprends bien le texte : le narrateur hésite, regarde en arrière puis sort.

Corrigés p . 7-8

TOTAL .... / 20

CONJUGAISON

16 Les temps composés de l'indicatif

Comment les temps composés se forment-ils ?

- Un temps composé se forme avec l'**auxiliaire** (*avoir* ou *être*) à un temps simple et le **participe passé (p.p.)** du verbe.
- Il existe **quatre temps composés à l'indicatif**.

Temps composé	Composition verbale	Exemples
passé composé	auxiliaire au présent + p.p.	*tu as pris ; il est parti*
plus-que-parfait	auxiliaire à l'imparfait + p.p.	*tu avais pris ; il était parti*
futur antérieur	auxiliaire au futur + p.p.	*tu auras pris ; il sera parti*
passé antérieur	auxiliaire au passé simple + p.p.	*tu eus pris ; il fut parti*

- Un temps composé permet de présenter une action comme accomplie par rapport au moment de référence.

*Aussitôt que l'enfant **avait fini** ses devoirs, il se **mettait** à jouer.*
L'action de finir les devoirs est antérieure à celle de se mettre à jouer.

★ 1 Complète le tableau suivant avec des formes à la 3e personne du singulier.

Présent	....	Passé composé	....
Imparfait	....	....	....
Futur	....	Futur antérieur	....
....	elle connut	Passé antérieur	....

SCORE .... / 9

★ 2 Lis le texte et souligne les verbes conjugués à un temps composé.

Beaucoup plus tard, par le capitaine de Victor lui-même, Félicité connut les circonstances de la fin de son neveu. On l'avait trop saigné à l'hôpital, pour la fièvre jaune. Quatre médecins le tenaient à la fois, il était mort immédiatement.
Félicité ne voulut pas revoir les parents de Victor, pensant qu'ils avaient toujours traité leur fils avec barbarie.

D'après G. Flaubert, « Un cœur simple », in *Trois contes*, 1877.

SCORE .... / 3

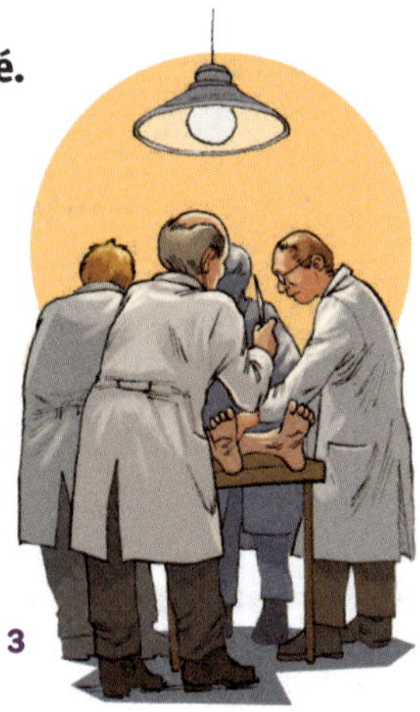

COUP DE POUCE
Tu dois souligner trois verbes.

★★ 3 Réponds aux questions suivantes.

a. À quel temps sont les verbes que tu as soulignés dans le texte ?

....

b. Comment peux-tu justifier l'emploi de ce temps ?

....

SCORE .... / 4

COUP DE POUCE
Exercice 3 : le temps de base du récit est le passé simple. Demande-toi comment se situent les actions exprimées à un temps composé par rapport à celles exprimées au passé simple.

Corrigés p . 8

TOTAL .... / 16

17 Indicatif présent et subjonctif présent

Comment un verbe au subjonctif présent se conjugue-t-il ?

- Les terminaisons du subjonctif présent sont : *-e, -es, -e, -ions, -iez, -ent*.
  Seuls les verbes *être* et *avoir* ont une conjugaison particulière.

1 Souligne les verbes au subjonctif présent.

Orgon est en colère contre sa famille et surtout contre son fils qui a mis en cause Tartuffe.

ORGON : « Ah ! je vous brave tous, et vous ferai connaître
Qu'il faut qu'on m'obéisse et que je suis le maître.
Allons, qu'on se rétracte, et qu'à l'instant, fripon,
On se jette à ses pieds pour demander pardon.

Molière, *Le Tartuffe ou l'Imposteur*, 1664.

SCORE ..../ 3

COUP DE POUCE

Si tu hésites, remplace la forme douteuse par un verbe qui se prononce différemment au subjonctif et à l'indicatif.

Qu'est-ce qui différencie le présent de l'indicatif du présent du subjonctif ?

- Aux personnes du singulier et à la 3e personne du pluriel :
  - les verbes du 1er groupe ont des formes identiques ;
  - quatorze verbes (et leurs dérivés) ont des **formes homophones** mais présentent des **orthographes différentes**, ce qui est source d'erreur. Retiens les six plus courants.

	courir	croire	fuir	mourir	rire	voir
Indicatif présent	je cours tu cours il court ils courent	je crois tu crois il croit ils croient	je fuis tu fuis il fuit ils fuient	je meurs tu meurs il meurt ils meurent	je ris tu ris il rit ils rient	je vois tu vois il voit ils voient
Subjonctif présent	que je coure que tu coures qu'il coure qu'ils courent	que je croie que tu croies qu'il croie qu'ils croient	que je fuie que tu fuies qu'il fuie qu'ils fuient	que je meure que tu meures qu'il meure qu'ils meurent	que je rie que tu ries qu'il rie qu'ils rient	que je voie que tu voies qu'il voie qu'ils voient

2 Coche la bonne orthographe.

1. Chaque fois qu'il ❑ voie ❑ voit ce paysage, il s'extasie. • **2.** Bien qu'il ❑ sourie ❑ sourit, il s'ennuie. • **3.** Il prend un air sérieux pour qu'on le ❑ croie ❑ croit.

SCORE ..../ 3

INFO

Après *pour que* et *il faut que*, on a toujours le subjonctif. Mais *après que* est toujours suivi de l'indicatif.

3 Replace les verbes suivants : disparaissaient – ait – parcoure – invente – prenne.

Il faut que l'homme .... conscience de la destruction progressive de son environnement pour qu'il .... envie de lutter et de chercher des solutions. Albert Einstein a écrit que, si les abeilles .... un jour, l'homme n'aurait plus que quatre années à vivre. Pour que l'humanité .... encore des millénaires, il faut qu'elle .... des remèdes durables.

SCORE ..../ 5

Corrigés p . 8

TOTAL ..../ 11

CONJUGAISON

18 Les autres temps du subjonctif

Quels sont les différents temps du mode subjonctif ?

- Le mode subjonctif comprend deux temps simples : **présent** (voir l'unité 17) et **imparfait**, et deux temps composés : **passé** et **plus-que-parfait**.
- L'**imparfait** du subjonctif est de plus en plus rarement employé. On le rencontre surtout à la 3e personne.
  - *parler* (1er groupe) : *qu'il parl**ât**, qu'ils parl**assent***
  - *finir* (2e groupe) : *qu'il fin**ît**, qu'ils fin**issent***
  - *courir* (3e groupe) : *qu'il cour**ût**, qu'ils cour**ussent***
  - *avoir* : *qu'il eût, qu'ils eussent*
  - *être* : *qu'il fût, qu'ils fussent*
- Les **temps composés** se forment avec l'auxiliaire conjugué à un temps simple du subjonctif et le participe passé du verbe :
  - passé : *que j'aie parlé, que tu aies fini, qu'il ait été... ; que je sois allé...*
  - plus-que-parfait : *qu'il eût fini, qu'ils eussent fini... ; qu'il fût allé...*

1 Complète le tableau au subjonctif.

Verbes	Présent	Imparfait	Passé
obéir	que tu	qu'il	que tu ....
être	que vous	qu'ils	que vous ....
avoir	qu'ils	qu'il	qu'ils ....

SCORE .... / 9

ATTENTION
N'oublie pas l'accent circonflexe à la 3e personne du singulier de l'imparfait du subjonctif.

2 Souligne tous les verbes au subjonctif.

Nous sommes à Paris depuis un mois, et nous avons toujours été dans un mouvement continuel. Il faut bien des affaires avant qu'on soit logé, qu'on ait trouvé les gens à qui on est adressé et qu'on se soit pourvu des choses nécessaires, qui manquent toutes à la fois. Ne crois pas que je puisse, quant à présent, te parler à fond des mœurs et des coutumes européennes : je n'en ai moi-même qu'une légère idée, et je n'ai eu à peine que le temps de m'étonner.

Montesquieu, *Lettres persanes,* lettre 24, 1721.

SCORE .... / 4

COUP DE POUCE
Un verbe est au passif et un à la voix pronominale.

3 Place les verbes soulignés dans l'exercice 2 ; complète les formes manquantes.

Présent	Imparfait	Passé	Plus-que-parfait
....	....	....	qu'on eût été logé
....	....	....	....
....	qu'on se pourvût	....	....
....	que je pusse	....	....

SCORE .... / 13

INFO
Se pourvoir de signifie *se munir de* et se conjugue comme voir.

Corrigés p. 8-9

TOTAL .... / 26

CONJUGAISON

19 Les emplois du subjonctif

Quand faut-il employer le subjonctif ?

- **Dans une proposition indépendante ou principale**, pour exprimer le souhait ou le regret [*Pourvu qu'elle (ne)* ***vienne*** *(pas)*], l'ordre ou la défense [*Qu'il (ne) vienne (pas) ici !*], l'indignation [*Moi, que l'on me* ***traite*** *ainsi !*].
- **Dans une proposition subordonnée :**
  - **complétive**, après un verbe de volonté, de doute, de sentiment ;
    Je veux que tu ***viennes****.*
  - **relative,** pour exprimer un fait virtuel.
    Je cherche un appartement qui ***ait*** *vue sur la mer.*
- **Après certaines conjonctions de subordination** introduisant une proposition subordonnée **circonstancielle** : *avant que, en attendant que, jusqu'à ce que, bien que, quoique, afin que, pour que, à condition que, pourvu que, à moins que...*
  Bien que le soleil ***soit levé****, il fait encore sombre.*

1 Lis le texte et souligne les verbes au subjonctif.

Ce matin-là, craignant que le réveil me jouât un mauvais tour en restant muet, j'avais demandé à ma mère de me réveiller au moment où elle partait. Il fallait absolument que je sois à l'heure à la gare, et que je ne rate pas le train. C'était le jour de mon dernier examen... Le téléphone a sonné, avant que mon réveil se soit déclenché. Je me suis précipité hors du lit. C'était ma mère qui s'assurait que tout était en ordre et que j'étais prêt à partir ! Je filai à la gare, redoutant que le moindre retard mît fin à mes espoirs d'avenir.

SCORE ..../ 5

ATTENTION Un des verbes au subjonctif ressemble à un verbe à l'indicatif.

2 Mets le verbe entre parenthèses au mode qui convient et justifie ton choix.

1. Le chef ordonne que les troupes (faire) .... demi-tour. ....
2. J'ai très peur que tu me (croire) .... coupable. ....
3. S'il veut partir avec nous, qu'il (être) .... à l'heure ! ....
4. Bien qu'il (faire) .... de bonnes études, il n'a pas l'emploi dont il rêvait.
....

SCORE ..../ 8

COUP DE POUCE Tu dois mettre au subjonctif les verbes qui complètent un verbe de volonté comme *vouloir*.

3 Remplace *il dit* par *il veut*. Quelles transformations interviennent ?

1. Il dit que tu as du courage.
Il veut ....
2. Il dit que tu pars très tôt le matin et que tu cours toujours pour conserver la forme.
Il veut ....

SCORE ..../ 2

Corrigés p. 9

TOTAL ..../ 15

CONJUGAISON

20 Indicatif futur et conditionnel présent

Quelles sont les ressemblances entre l'indicatif futur et le conditionnel présent ?

Les formes de l'indicatif futur et celles du conditionnel présent ont en commun un radical terminé par la consonne *-r* mais diffèrent par leurs terminaisons.

- **Indicatif futur** : *-ai, -as, -a, -ons, -ez, -ont* (terminaisons proches du verbe *avoir* au présent : *j'ai, tu as*…). *je prendrai, tu prendras, il prendra, nous prendrons, vous prendrez, ils prendront.*
- **Conditionnel présent** : *-ais, -ais, -ait, -ions, -iez, -aient* (mêmes terminaisons qu'à l'indicatif imparfait). *je prendrais, tu prendrais, il prendrait, nous prendrions, vous prendriez, ils prendraient.*

Il faut se méfier des **formes homophones à la 1re personne du singulier**.

1 Coche la bonne orthographe.

1. S'il essaie de prendre mon sac, je ❑ crierai ❑ crierais.
2. Je lui avais promis que je lui ❑ enverrai ❑ enverrais de l'argent.
3. Si je n'étais pas malade, je ❑ pourrai ❑ pourrais te rejoindre vite.
4. Demain, dès l'aube, à l'heure où blanchit la campagne, je ❑ partirai ❑ partirais.

SCORE ..../ 4

Quelles sont les différences de sens ?

- **Le sens diffère** : l'indicatif futur évoque le futur par rapport au présent ; le conditionnel présent exprime l'hypothèse ou le futur dans le passé.

J'espère que tu ***viendras****.*
tu viendras (indicatif futur) évoque une action à venir par rapport au présent *j'espère*.

J'espérais que tu ***viendrais****.*
tu viendrais (conditionnel présent) évoque une action à venir par rapport au passé *j'espérais*.

2 Réécris en remplaçant Il dit : par Il disait que.

1. Il dit : « Je l'aiderai. » → ....
2. Il dit : « Il fera beau tout l'été. » → ....
3. Il dit : « Nous partirons demain. » → ....

SCORE ..../ 3

ATTENTION
Quand on passe du discours direct au discours indirect, les adverbes de temps changent.

3 Conjugue à l'indicatif futur ou au conditionnel présent.

Ah ! que je n'(aimer) .... pas que quelqu'un lise mon journal. J'ai numéroté les pages. Je me demande ce que j'(avoir) .... à la page 100. À partir de février, je dois aller au lycée clandestin. Mais ne pense pas, mon cher journal, que je t'(abandonner) .... pour autant ! Je n'(avoir) .... jamais de plus grand ami que toi.

D'après W. Przybylska, *Journal de Wanda* (1942-1944), trad. Z. Bobowicz © Éditions DDB, 1981.

SCORE ..../ 4

COUP DE POUCE
Mets le verbe à la 2e personne du singulier pour distinguer les formes homophones.

Corrigés p. 9

TOTAL ..../ 11

CONJUGAISON

21 Les emplois du conditionnel

Quelles sont les principales valeurs du conditionnel ?

- Quand il a une valeur de **mode**, il sert à exprimer :
  - une **action soumise à une condition** (celle-ci pouvant être implicite) ;

    *[Si je pouvais], je **prendrais** volontiers quelques jours de vacances.*
    *[Si j'avais pu], j'**aurais pris** volontiers quelques jours de vacances.*
  - une **supposition** ;

    *Mon rêve **deviendrait**-il enfin réalité ?*
  - une **demande atténuée**.

    ***Pourriez**-vous fermer la fenêtre ?*
    ≠ *Peux-tu fermer la fenêtre ?* (demande plus abrupte)
- Quand il a une valeur de **temps**, il sert à évoquer un **futur dans le passé**.

  *Il ne savait pas si son père **reviendrait** de la guerre.*

1 Complète cette phrase en mettant les verbes au conditionnel présent.

Je (veux) .... revenir
Près d'elle à l'improviste une nuit où le songe
Peut-être (insinue) .... que je ne (suis) .... plus.

A. Verdet, « Tu me disais », *Les Jours, les Nuits et puis l'Aurore, F.N.D.I.R.P.*, 1949. © Luciano Melis.

SCORE ..../ 3

2 Utilise le conditionnel pour donner aux phrases suivantes la valeur demandée.

COUP DE POUCE Un des verbes est au conditionnel passé.

1. (atténuation du propos) Je prends une boisson fraîche.

....

2. (hypothèse non réalisée dans le passé) Je viens te voir.

....

3. (supposition) Le baccalauréat ouvre toutes les portes.

....

SCORE ..../ 3

3 Indique la valeur des verbes au conditionnel.

COUP DE POUCE La valeur du verbe au conditionnel est la même dans deux des quatre phrases.

1. Pourriez-vous m'indiquer la boulangerie la plus proche ? → .... • 2. J'aimerais être sur un bateau. → .... • 3. Avec ce diplôme, viendrais-tu travailler dans mon entreprise ? → ....

SCORE ..../ 3

4 Mets le verbe entre parenthèses au temps du conditionnel qui convient.

1. Le malade disait que le lendemain il (aller) .... mieux. • 2. Si sa mère l'avait voulu, il (partir) .... en vacances. • 3. (Avoir) ....-vous l'amabilité d'ouvrir la fenêtre ?

SCORE ..../ 3

Corrigés p. 9-10

TOTAL ..../ 12

22 La concordance des temps

Que signifie « appliquer la concordance des temps » ?

- Appliquer la concordance des temps consiste à respecter des règles d'accord dans l'emploi des temps des verbes des **phrases complexes**.
Voici les règles de concordance quand **la subordonnée** est majoritairement à l'indicatif.

Verbe de la principale	Verbe de la subordonnée
présent ou futur de l'indicatif *(je dis, je dirai...)*	action simultanée : ind. présent *(que tu viens)*
	action postérieure : ind. futur *(que tu viendras)*
	action antérieure : ind. passécomposé ou imparfait *(que tu es venu, que tu venais)*
passé de l'indicatif *(je disais, j'ai dit...)*	action simultanée : ind. imparfait *(que tu venais)*
	action postérieure : conditionnel présent *(que tu viendrais)*
	action antérieure : ind. plus-que-parfait *(que tu étais venu)*

★★ **1** **Lis le texte, souligne les verbes à l'indicatif présent, puis réponds aux questions.**

> Je forme une entreprise qui n'eut jamais d'exemple et dont l'exécution n'aura point d'imitateur. [...] Je sens mon cœur et je connais les hommes.
> Je ne suis fait comme aucun de ceux que j'ai vus ; j'ose croire n'être fait comme aucun de ceux qui existent. Si je ne vaux pas mieux, au moins je suis autre.

J.-J. Rousseau, *Les Confessions*, 1782-1789.

COUP DE POUCE
Tu dois trouver huit verbes à l'indicatif présent.

1. Relève une proposition subordonnée dont l'action a lieu en même temps que celle de la principale. → ....

À quel temps est son verbe ? ....

2. Relève une proposition subordonnée dont l'action est postérieure à celle de la principale.
→ ....

À quel temps est son verbe ? ....

3. Relève une proposition subordonnée dont l'action est antérieure à celle de la principale.
→ ....

À quel temps est son verbe ? ....

ATTENTION
Deux subordonnées peuvent convenir comme réponses aux questions 1 et 3.

4. Réécris la première phrase en commençant par *Je formais*. Effectue les transformations nécessaires. → ....

....

SCORE ..../ 12

★★ **2** **Écris les verbes entre parenthèses à la forme qui convient.**

1. Je sortirai la voiture quand tu (ouvrir) .... la porte du garage.

2. Quand il (s'ennuyer) ...., il écrivait ses souvenirs.

ATTENTION
Dans la phrase 1, l'antériorité exprimée dans la subordonnée doit être rendue par le futur antérieur du verbe *ouvrir*.

3. Il imaginait qu'à sa publication prochaine, son livre n'(avoir) .... aucun succès.

SCORE .... / 3

Cas des subordonnées au subjonctif

Verbe de la principale	Verbe de la subordonnée au subjonctif
présent ou futur de l'indicatif (*il faut...*)	action simultanée ou postérieure : présent (*que tu viennes*)
	action antérieure : passé (*que tu sois venu*)
passé de l'indicatif (*il fallait...*)	action simultanée ou postérieure : imparfait (*que tu vinsses*)
	action antérieure : plus-que-parfait (*que tu fusses venu*)

- Verbe de la principale au **présent** : quand l'action exprimée dans la subordonnée est postérieure à celle exprimée dans la principale, le choix du temps dépend du sens.
  *Je souhaite qu'il **finisse** demain. = Je souhaite qu'il soit en train de finir demain.*
  *Je souhaite qu'il **ait fini** demain. = Je souhaite qu'il ait déjà fini demain.*
- Verbe de la principale au **passé** : note que le subjonctif imparfait appelé par la concordance des temps est remplacé dans le langage courant par le subjonctif présent.

3 Coche la forme verbale qui convient.

1. Bien qu'il ❑ coure ❑ courût vite, il n'était pas le meilleur. • **2.** Il faut de la lumière, pour que nous ❑ voyons ❑ voyions clair. • **3.** Il fallait qu'il ❑ aima ❑ aimât assez les bêtes pour devenir vétérinaire. • **4.** Il est nécessaire que le livre ❑ paraît ❑ paraisse en janvier.

SCORE .... / 4

4 Lis le texte et mets les verbes entre parenthèses aux temps et modes qui conviennent.

La petite fille explique son attachement à son oncle qui prend soin d'elle et de sa famille et qui obtient pour elle divers avantages de la part du curé et du maire.

> Depuis que mon papa est mort, il a soin de la famille : de ma mère, de moi et de ma petite sœur. Avant que maman (être) .... malade, il la recommandait aux riches pour qu'on lui (donner) .... de l'ouvrage.

P. Mérimée, *Colomba*, 1840.

SCORE .... / 2

ATTENTION
N'oublie pas l'accent circonflexe à la 3e personne du singulier du subjonctif imparfait.

5 Mets les verbes entre parenthèses à la forme qui convient en respectant toutes les règles de concordance.

À travers les fenêtres, il vit que la pluie (cesser) .... depuis un moment. Il fallait maintenant qu'il (sortir) .... s'il ne (vouloir) .... pas rater son train. Bien qu'il (hésiter) .... encore un peu, il se dirigea vers la porte et l'ouvrit. Quelle ne fut pas sa surprise quand il (apercevoir) .... sur son paillasson un panier contenant un chiot endormi ! Il souleva délicatement le colis pour que l'animal ne (se réveiller) .... pas. Il se mit à le contempler, oubliant l'heure qui (passer) .... Le train ne comptait plus à présent pour lui !

SCORE .... / 7

COUP DE POUCE
Dans ce récit au passé, tu es amené à utiliser trois verbes au subjonctif imparfait.

Corrigés p. 10

TOTAL .... / 28

ORTHOGRAPHE

23 Accorder un adjectif qualificatif : cas difficiles

Quels adjectifs qualificatifs sont invariables ?

- **Les adjectifs de couleur**
  - dérivés d'un nom : *orange, marron, bordeaux, cerise*...
  Mais : *mauve, fauve, rose, pourpre, écarlate* s'accordent en genre et en nombre.
  - formés de deux mots : *ses yeux vert amande* ; *les chaussures gris clair*.
- **Les adjectifs** *bon, cher, court, droit, dur, fort, haut...* **utilisés comme adverbes** après certains verbes. *Ces vestes coûtent cher. Elles parlent fort.*
  Mais : *Ces vestes sont chères. Leurs voix sont fortes.*
- **Les adjectifs mi, *demi*, *semi* et *nu* placés à gauche d'un nom ou d'un adjectif** et reliés par un trait d'union. *Tu mets tes nu-pieds. Tu restes une demi-heure.*
  Mais : *Tu as les pieds nus. Viens dans une heure et demie.*

★ 1 Complète les phrases avec les adjectifs suivants en faisant les accords nécessaires :
orange – kaki – bleu, blanc, rouge – pourpre – vert olive.

1. Il a mélangé du rouge et du jaune pour peindre des fruits .... • **2.** Les vêtements des soldats sont .... et non .... • **3.** Les sénateurs romains portaient des bandes .... au bas de leurs toges blanches. • **4.** Des drapeaux français .... flottent sur l'ambassade.

SCORE ..../ 5

INFO L'ensemble *bleu, blanc, rouge* reste invariable car les trois couleurs sont considérées comme formant un tout. De la même façon, on écrit *des drapeaux noir et blanc*.

★ 2 Coche la bonne orthographe.

1. Ils avaient les bras ❑ nu ❑ nus malgré le froid.
2. Ils sont restés ❑ droit ❑ droits pendant l'appel.
3. Ils étaient ❑ demi- ❑ demis-nus dans la neige et le vent glacial.

SCORE ..../ 3

COUP DE POUCE L'adjectif reste invariable dans une seule phrase.

★ 3 Lis le texte et complète, si nécessaire, les mots en couleur.

Robert, déporté en camp de concentration, raconte l'une des brimades gratuites que les SS faisaient subir aux prisonniers : le lever sans raison en pleine nuit.

– Il est deux heures et demi.........., souffle Robert qui a eu le temps de vérifier l'heure. Le commandant arrive, ne bougez plus, tenez bon.......... .
On l'aperçoit au loin, la casquette vert......... foncé.......... à tête de mort vissée sur le crâne. Il est vêtu d'un épais manteau et porte des bottes marron.......... .
– Je voulais seulement vous souhaiter une bonne nuit. [...]
– Il est trois heures trente, crie le kapo. Vous avez encore une demi..........-heure de sommeil.

D'après J.-P. Vittori, *Les Sabots : 1944-1945* © Nathan, 2003.

SCORE ..../ 6

COUP DE POUCE Tous les mots sont invariables sauf un.

Corrigés p . 10

TOTAL ..../ 14

ORTHOGRAPHE

24 Participe présent et adjectif verbal

Quelle est la différence entre un participe présent et un adjectif verbal ?

- Le **participe présent** est une forme en -ant qui a la valeur d'un verbe et est **invariable**.

  ***Obéissant** à leurs parents, les enfants éteignirent l'ordinateur.* → *Obéissant* est un participe présent : il exprime une action et est suivi d'un COI, *à leurs parents*.

- **L'adjectif verbal** se termine également par -ant mais fonctionne comme un adjectif : il s'accorde en genre et en nombre avec le nom qu'il complète.

  *Les enfants sont très **obéissants**.* → *Obéissants* est un adjectif verbal : il décrit un état et est attribut du sujet *les enfants*.

INFO

L'adjectif verbal peut être précédé d'un adverbe (*très, bien...*), ce qui n'est pas possible pour le participe présent.

1 Dans le texte, souligne les adjectifs verbaux et encadre les participes présents.

Charlie, jeune attardé mental, a subi une opération du cerveau, pratiquée par les docteurs Strauss et Nemur, pour lui permettre de récupérer ses capacités intellectuelles.

> Strauss, très souriant, traita longuement de la théorie et des techniques de la neurochirurgie, exposant en détail ses premières études, décrivant mon état physique [...]. Attendant patiemment, moi, j'étais là comme un élément faisant partie d'une communication scientifique. Enfin, ce fut au tour de l'excellent Nemur, parlant comme l'auteur d'un brillant exploit : « On pourrait dire que Charlie n'existait pas réellement avant cette expérience. » Je ne sais pourquoi cela m'irrita d'entendre parler de moi comme d'un être différent, équivalant à un article fabriqué dans leur usine privée.

D'après D. Keyes, *Des fleurs pour Algernon*, trad. G. H. Gallet © Casterman – J'ai lu, 1972.

SCORE ..../ 10

2 Complète les mots en couleur.

1. Les jeunes enfants sont fatig.............. • **2.** Mes arguments sont bien différ.............. • **3.** Ne compren.............. rien, je demandai des explications.

SCORE ..../ 3

COUP DE POUCE

Deux des mots en couleurs sont des adjectifs verbaux.

Participe présent et adjectif verbal se forment-ils de la même manière ?

- Certains adjectifs verbaux ont une orthographe irrégulière.
  - Les verbes en *-quer* et *-guer* ont leur participe présent en **-quant** et **-guant** et leur adjectif verbal en *-cant* et *-gant* : *fati**guant*** (p. prés.), *fati**gant*** (adj. verbal) ; *communi**quant*** (p. prés.), *communi**cant*** (adj. verbal).
  - Certains verbes ont leur participe présent en *-ant* et leur adjectif verbal en *-ent* : *excell**ant*** (p. prés.), *excell**ent*** (adj. verbal).

3 Raye l'intrus dans chaque liste.

1. suffocant – provoquant – communiquant – zigzaguant
2. concluant – confiant – remuant – abritant – brillant

SCORE ..../ 2

Corrigés p. 11

TOTAL ..../ 15

ORTHOGRAPHE

25 Accorder le verbe avec son sujet : cas difficiles

Comment accorder le verbe quand le sujet est du type *toi et moi* ?

- La 1re personne l'emporte sur la 2e et la 3e.
  → 2e pers. + 1re pers. = verbe à la 1re pers. du pluriel. *Toi et moi **sommes** de bons amis.*
  → 3e pers. + 1re pers. = verbe à la 1re pers. du pluriel. *Sonia et moi **jouons** au tennis.*
- La 2e personne l'emporte sur la 3e.
  → 3e pers. + 2e pers. = verbe à la 2e pers. du pluriel. *Sonia et toi **jouez** au tennis.*

★ 1 Ajoute le pronom personnel singulier manquant.

1. Marc, Éric et .... partirez tous les trois demain. • **2.** Ton frère et .... partirons bientôt en tandem. • **3.** Toi et .... observez les oiseaux.

SCORE ..../ 3

Comment accorder le verbe avec le sujet *qui* ?

- Si le **sujet** est un **pronom relatif**, le verbe se met à la même personne que l'antécédent.
  *C'est toi qui **es** en retard.* → *es* prend la personne de son sujet *qui*, pronom relatif remplaçant *toi* = 2e personne du singulier.

★ 2 Mets les verbes entre parenthèses au présent en faisant les accords nécessaires.

1. Tu es le premier qui ne (dire) .... pas bonjour en arrivant. • **2.** Passe par l'une des routes qui (mener) .... à Rome ! • **3.** Tes amis et toi (faire) .... une belle randonnée. • **4.** C'est Karin, toi et moi qui (être) .... les premiers.

SCORE ..../ 4

INFO
Quand l'antécédent du pronom relatif est *le premier* ou *le seul* en position d'attribut du sujet, le verbe de la relative peut se mettre à la même personne que le sujet ou à la même personne que l'antécédent attribut.

★★ 3 Souligne l'antécédent de chaque pronom relatif en couleur, puis mets les verbes entre parenthèses à l'imparfait.

Durant la Seconde Guerre mondiale, le narrateur et son ami font exploser un poste de commande d'aiguillage ferroviaire, ignorant qu'un vieux cheminot s'y trouve. Pour sauver les résistants, la femme du cheminot accuse son mari mourant de l'attentat.

Des belles femmes qui (*faire*) .... pousser des cornes à leur mari, les SS en voyaient tous les jours, mais une qui (*vouloir*) .... s'en débarrasser en le faisant exécuter pour terrorisme, ils demandaient à voir de près. L'homme, sur son lit de mort, a confirmé, il était le seul responsable. Les schleus l'ont fusillé avec ses pansements qui (*voler*) .... sous les balles. C'est nous qui l'(*avoir*) .... tué cet homme et c'est lui qui nous (*sauver*) .... la vie.

D'après M. Quint, *Effroyables jardins* Première édition 2000 Éditions Joëlle Losfeld, © Gallimard, 2003.

SCORE ..../ 10

Corrigés p. 11

TOTAL ..../ 17

Chouette

SPÉCIAL BREVET

3e

14-15 ANS

LE GUIDE

Français

- **Les corrigés des exercices**
  Tous les corrigés détaillés, avec des explications complémentaires
- **Des infos parents**
  Au centre du livret, des informations sur le programme et des conseils pour aider votre enfant dans son travail
- **Des suggestions de lectures**
  Des livres à lire pour le plaisir ou la culture

Hatier

TEST (pages 4 et 5)

GRAMMAIRE

1. Le groupe verbal comprend un verbe et un COD.
2. L'adjectif *réussi* est attribut du COD
3. Le nom est complété par trois expansions : l'apposition *Palais musée*, l'épithète *beau* et le complément du nom *de Fontainebleau*.
4. Les deux propositions sont liées par coordination.
5. Il s'agit d'une subordonnée conjonctive COD.
6. La subordonnée exprime la cause.
7. ~~afin que~~.

CONJUGAISON

8. peindre : je peignis – résoudre : je résolus
9. Il faut mettre le verbe au passé simple : décidai (action délimitée dans le passé).
10. croie (subjonctif présent)
11. sentît
12. viendrais
13. Pourrais-tu fermer la fenêtre ?

ORTHOGRAPHE

14. des stylos mauves – des chemises orange – des fleurs rose pâle
15. *Fatigant* est un adjectif ; les autres mots sont des participes présents.
16. êtes
17. donnés – achetés
18. écrites – lavées – lavé
19. tout – toutes
20. quel que

LECTURE ET EXPRESSION ÉCRITE

21. paronymes
22. un oxymore – une comparaison – une métaphore
23. Il disait qu'il était arrivé hier et qu'il repartirait demain.
24. • Il est courageux car il porte seul son gros sac, mais il n'est pas téméraire.
  • Tu as très froid donc tu mets un manteau ou un bonnet.
  • Il ne sait vraiment pas s'il doit rire ou pleurer..
25. C'est un texte qui permet à son auteur de convaincre le lecteur que son avis est juste.

1 La structure d'un groupe verbal

1 1. Qui vole un œuf, vole un boeuf.
→ verbe + complément
2. La nuit, tous les chats sont gris. → verbe + attribut
3. L'habit ne fait pas le moine. → verbe + complément
4. Les bons comptes font les bons amis.
→ verbe + complément

2 Chaque lundi matin, le brocanteur qui <u>logeait</u> sous l'allée <u>étalait</u> par terre <u>ses ferrailles</u>. Puis la ville <u>se remplissait d'un bourdonnement de voix</u>. Vers midi, au plus fort du marché, un vieux paysan de haute taille, la casquette en arrière, le nez crochu, <u>apparaissait</u> sur le seuil. Robelin <u>était le fermier de Geffosses</u>. Peu après, <u>arrivait</u> Liébard, le fermier de Toucques, petit, rouge et obèse ; il <u>portait une veste grise</u>.

EXPLICATION
Sous l'allée, *par terre*, *sur le seuil* sont des compléments facultatifs. Ils ne font pas partie du groupe verbal.

3

Verbe seul	Verbe + complément d'objet	Verbe + attribut
logeait apparaissait arrivait	étalait ses ferrailles – se remplissait d'un bourdonnement de voix – portait une veste grise	était le fermier de Geffosses

2 Reconnaître un attribut du COD

1

	COD	Attribut du sujet	Attribut du COD
J'ai trouvé ce livre génial !			x
Les élèves ont élue Lola déléguée de classe.	x		
Ils les jugent trop petites pour partir.			x
Ils pensent qu'elles sont trop jeunes pour partir.		x	
Ils appellent leur chat Hercule.	x		

2 Sur la planète Mars, on estime l'éducation des enfants très importante. Les collèges préparent les élèves en tenant compte de leurs capacités : on considère chacun comme apte à poursuivre des études longues. Parce qu'ils jugent primordiale la découverte des métiers, les Martiens organisent des stages tout au long de la scolarité.

EXPLICATION
Pour être sûr qu'il s'agit d'un attribut du COD et non d'une épithète du nom, remplace le COD par un pronom : si tu conserves l'adjectif exprimé, c'est qu'il s'agit bien d'un attribut. Ex. : *Les Martiens trouvent la Terre éloignée* → *ils la trouvent éloignée* (éloignée est attribut du COD).

3 L'attribut du sujet est plus longues

4 **1.** Nous avons tous trouvé les exercices faciles.
2. Je crois Magali très douée sur le plan artistique.
3. Ils estiment ces mesures nécessaires.
4. Je ne les crois pas capables de commettre cet acte.

3 Complément de verbe et complément de phrase

1

Verbe	Complément(s) de verbe (CO, attribut du sujet)	Complément de phrase
dissolvent	l'Assemblée constituante	par un coup de force
oppose	les, aux Blancs	–
devient	le parti unique	–
l'emporte sur	sur les Blancs	En 1921

2 **1.** À la mort de Lénine en 1924 (CP), Staline et Trotski s'opposent.
2. Trotski est exclu du Parti communiste (CV), puis chassé d'URSS (CV).
3. Les paysans doivent travailler dans de vastes exploitations collectives (CV).

4 Les expansions du nom

1 Chaque année, la fête municipale (épithète) de Livry-Gargan (compl. du nom), tout le monde s'y prépare longtemps à l'avance. Les parents, les enfants et surtout les commères du quartier (compl. du nom) parce qu'à la kermesse, tu refais ta réserve de ragots (compl. du nom). Y avait [...] des groupes de musique (compl. du nom) qui défilaient (prop. relative). Des jeunes de la cité (compl. du nom) sont venus rapper. Y avait même des filles qui chantaient avec eux (prop. relative).

2 **1.** Au royaume des aveugles, les borgnes sont rois.
→ GN, complément du nom royaume.
2. Après la pluie, le beau temps.
→ Adjectif qualificatif, épithète du nom temps.
3. Pierre qui roule n'amasse pas mousse.
→ Proposition subordonnée relative, complément de l'antécédent pierre.

EXPLICATION
Le nom complété par une proposition subordonnée relative est appelé antécédent (du pronom relatif) : par exemple, *qui roule* complète son antécédent *pierre*.
Voir aussi unité 10.

3 Victor Hugo est un écrivain français du XIXe siècle. Il a écrit des poèmes émouvants, des pièces de théâtre et des romans, qui ont été adaptés au cinéma.

5 Les formes de phrase

1 **1.** Tout le monde est d'accord sur ce point.
Personne n'est d'accord sur ce point.
2. J'ai appris quelque chose d'intéressant.
Je n'ai rien appris d'intéressant.
3. Cherche encore le stylo perdu.
Ne cherche plus le stylo perdu.
4. Tu es allé chez lui une seule fois.
Tu n'es jamais allé chez lui.

2 **1.** Ce fut pour elle seule qu'il fit tous ces exploits.
emphatique et affirmative
2. Amélie ne s'occupe jamais de ses petits frères.
neutre et négative
3. Voilà qu'il pleut à nouveau !
emphatique et affirmative
4. Je ne connais pas ses pensées.
neutre et négative
5. Je partirai de bonne heure pour éviter la foule.
neutre et affirmative
6. Ce n'est pas lui que j'ai vu l'autre jour.
emphatique et négative

EXPLICATION
Les quatre combinaisons possibles sont représentées dans les réponses.

3 **1.** C'est bien elle que tu as vue partir.
Tu l'as vue partir.
2. Vraiment, moi, ton histoire, je n'y crois pas un instant ! Je ne crois pas du tout à ton histoire.
3. C'est bien avant que tout a commencé.
Tout a commencé bien avant.
4. Est-ce que c'est vous qui m'avez téléphoné ?
M'avez-vous téléphoné ?
(ou : Est-ce que vous m'avez téléphoné ?)

4 **1.** Je suis l'aîné de cinq garçons.
C'est moi qui suis l'aîné de cinq garçons.
2. Ce footballeur est un futur champion.
C'est ce footballeur qui est un futur champion.
3. L'éruption du Vésuve a détruit Pompéi.
C'est l'éruption du Vésuve qui a détruit Pompéi.
4. Cet acteur a joué dans des films et des séries américaines. C'est cet acteur qui a joué dans des films et des séries américaines.

5

	Déplacement d'un CC en tête de phrase	Utilisation d'un présentatif
C'est toi qui remplaces ton frère.		x
Dans les champs paissent des vaches.	x	
Par habitude, l'enfant traverse sans regarder.	x	
C'est une histoire que tu m'as déjà racontée.		x
Du haut des gradins, je vois tout le stade.	x	

6 **1.** Le lycée organise un voyage en Espagne chaque année. Chaque année, <u>un voyage en Espagne</u> est organisé par le lycée.
2. Un archéologue a récemment retrouvé de rares manuscrits antiques. <u>De rares manuscrits antiques</u> ont récemment été retrouvés par un archéologue.
3. Le gouvernement annoncera prochainement une série de réformes. <u>Une série de réforme</u> sera prochainement annoncée par le gouvernement.

7 **1.** *(présentatif)* Ce sont les États-Unis qu'ont frappé les attentats.
2. *(passif)* Les États-Unis ont été frappés par des attentats..

6 La structure d'une phrase complexe

1 Le service d'Igor Beshevich <u>commençait</u> à six heures et l'encombrement des rues du quartier Mlanecsz l'<u>avait</u> déjà bien trop <u>retardé</u> *(a)*. La foule <u>lambinait</u> comme un gros serpent le long des boutiques d'écriture et de bougies ; chacun <u>essayait</u> tant bien que mal d'éviter les mares formées par la neige fondante dans le ruisseau *(b)*. Les femmes surtout <u>étaient</u> les plus lentes à force de relever leurs jupons pour qu'ils ne <u>soient</u> pas crottés *(c)*.

Phrase du texte	Nombre de verbes conjugués	Mot ou signe reliant les propositions	Juxtaposition, coordination, ou subordination ?
(a)	2	et	coordination
(b)	2	;	juxtaposition
(c)	2	pour qu'	subordination

EXPLICATION
Les verbes à l'infinitif *éviter* (b) et *relever* (c) ne sont pas noyaux des propositions.

2 **1.** Je me lève. Il est déjà neuf heures.
→ *(subordination)* Je me lève parce qu'il est déjà neuf heures.
2. Je souris. Il me rend mon sourire.
→ *(coordination)* Je souris et il me rend mon sourire.
3. Igor est énervé. Tout l'irrite.
→ *(juxtaposition)* Igor est énervé : tout le monde l'irrite.

7 Les subordonnées (1) : natures

1 Un après-midi, ma mère m'avait demandé si j'aimerais aller à Luna Park. [...] Quand j'y repense aujourd'hui, je crois qu'elle voulait tout simplement que je la laisse seule cet après-midi-là. [...] elle m'a tendu un grand billet de banque et elle m'a dit : « Va t'amuser à Luna Park. » [...]
Quand j'ai acheté le ticket, à l'entrée, le monsieur a paru surpris que je paye avec un aussi gros billet. Il m'a rendu la monnaie et il m'a laissée passer. Une journée d'hiver. On aurait dit qu'il faisait nuit. [...] Ce qui me frappait surtout, c'était le silence.

Pronom relatif	Mot interrogatif	Conjonction de subordination
(ce) qui	si	quand (j'y repense) qu'(elle voulait) que (je la laisse) quand (j'ai acheté) que (je paye) qu'(il faisait)

EXPLICATION
Quand *si* suit un verbe impliquant une question, c'est un mot interrogatif introduisant une subordonnée interrogative indirecte.

2 **1.** *(pronom relatif)* Des garçons dont les chaussures étaient trouées me regardaient.
2. *(conjonction de subordination)* Je suis parti en courant parce que j'ai eu peur.
3. *(mot interrogatif)* Ils m'ont demandé si j'avais peur.
4. *(pronom relatif)* J'ai donné les billets qui me restaient.

3 **1.** ❑ qui ❑ que ☒ quel ❑ dont ❑ lequel ❑ où
2. ❑ que ❑ parce que ☒ qui ❑ pour que ❑ lorsque ❑ après que
3. ❑ si ❑ pourquoi ☒ dont ❑ qui ❑ comment ❑ quand

8 Les subordonnées (2) : fonctions

1 On contait de lui qu'à Corte, où il avait pris femme, il s'était débarrassé fort vigoureusement d'un rival qui passait pour aussi redoutable en guerre qu'en amour : du moins on attribuait à Mateo certain coup de fusil qui surprit ce rival comme il était à se raser devant un petit miroir pendu à sa fenêtre. L'affaire assoupie, Mateo se maria. Sa femme Giuseppa lui avait donné d'abord trois filles (dont il enrageait), et enfin un fils, qu'il nomma Fortunato : c'était l'espoir de sa famille, l'héritier du nom.

EXPLICATION
La proposition subordonnée relative peut être séparée du nom qu'elle complète par une virgule : elle a alors une valeur descriptive (≠ déterminative).

2 **1.** Subordonnée complétive : qu'à Corte, il s'était débarrassé fort vigoureusement d'un rival.
2. Subordonnée circonstancielle : comme il était à se raser devant un petit miroir pendu à sa fenêtre.

3

	COD	CC
1. J'entendais ses sabots quand il marchait.		x
2. Je ne sais pas si je pourrai lui échapper.	x	
3. Si j'arrive au bout du chemin, je suis sauvé.		x
4. Pendant que tu cours, tu ne peux pas voir le taureau.		x
5. Le taureau quoi que tu en penses, n'est pas une bête sauvage.		x
6. Je pense que tu as éprouvé la peur de ta vie.	x	

9 Exprimer la cause et la conséquence

1 – Vous voulez mon avis ? Ils sont malheureux parce qu'ils ne se laissent pas aller. Et je sais ce que je dis.
– Il sait en effet ce qu'il dit, ajoutait Tarrou. [...] Autant qu'il est possible, il est à l'aise dans la terreur. Mais parce qu'il a ressenti tout cela avant eux, je crois qu'il ne peut pas éprouver tout à fait avec eux la cruauté de cette incertitude. [...] Puisque lui-même a vécu dans la

terreur, il trouve normal que les autres la connaissent à leur tour. Plus exactement, la terreur lui paraît alors moins lourde à porter que s'il y était tout seul.

EXPLICATION
La proposition subordonnée de cause est *complément circonstanciel de cause de la principale*. Comme tout complément circonstanciel, elle est déplaçable et peut se trouver avant ou après la principale.

2 **1.** Ils ne se laissent pas aller si bien qu'ils sont malheureux.
2. Il a ressenti tout cela avant eux si bien que je crois qu'il ne peut pas éprouver tout à fait avec eux la cruauté de cette incertitude.
3. Lui-même a vécu dans la terreur de sorte qu'il trouve normal que les autres la connaissent à leur tour.

3 **1.** Le client de l'hôtel est en colère car il y a du désordre dans sa chambre. → cause
2. Le temps était orageux, j'ai donc pris mon parapluie. → conséquence
3. Il a froid, c'est pourquoi il tremble. → conséquence
4. Les rats font peur aux gens, car ils apportent la peste. → cause

10 Exprimer le but

1 La pose fut ainsi pour elle une torture. La bonne vie à deux avait cessé, comme s'il eût introduit dans la maison une maîtresse. [...] Il la tuait à la pose pour embellir l'autre. [...] Quelle souffrance de prêter sa chair, [pour que l'autre naquît], [pour que le cauchemar de cette rivale les hantât], [fût toujours entre eux] !

2 Voir ci-dessus.

EXPLICATION
Dans la première phrase du texte, le complément *pour elle* n'exprime pas le but.

3 **1.** → Claude peint beaucoup
pour que le tableau progresse.
2. → La jeune femme garde la pose
pour que Claude la peigne.

4 **1.** Claude fait des efforts pour que le tableau soit parfait. → but
2. Le tableau n'est pas assez beau pour que Claude soit content. → conséquence

11 Exprimer l'opposition

1 **1.** Malgré tous ses efforts, il n'a pas gagné.

2. Même s'il ne participe pas à cette compétition, il s'y intéresse vivement.
3. La maison paraît inoccupée, mais des grincements réguliers prouvent le contraire.

2 **1.** → Bien que je sois pressé, je prends mon temps.
2. → La lampe reste éteinte quoiqu'il fasse nuit.
3. → Bien qu'il soit triste au fond de lui, il sourit à son enfant.

3 Et, bien que les meilleurs morceaux ne soient pas faciles à déchirer ni à manger avec une dentition d'herbivore, on peut auparavant les dépecer et les émietter avec des pierres et finir de les mastiquer tant bien que mal avec les molaires.
Les meilleurs morceaux ne sont pas faciles à déchirer ni à manger quand on a une dentition d'herbivore, mais on peut auparavant les dépecer et les émietter avec des pierres et finir de les mastiquer tant bien que mal avec les molaires.

EXPLICATION
La conjonction *bien que* disparaît et le verbe qui était au subjonctif (*soient*) passe à l'indicatif. On ajoute la conjonction de coordination *mais* qui exprime l'opposition.

12 Exprimer la condition

1 **1.** En cas de grève, les cours sont suspendus pour la journée. **2.** Sans message de ta part d'ici demain, je considère que tu es d'accord. **3.** Je peux aller à son mariage, à condition d'y être invité.

2 Sur le penchant de quelque agréable colline bien ombragée, j'aurais une petite maison blanche avec des contrevents verts, si j'étais riche ; et quoique une couverture de chaume soit en toute saison la meilleure, je préférerais magnifiquement, non la triste ardoise, mais la tuile, parce qu'elle a l'air plus propre et plus gai que le chaume. Si quelque fête champêtre rassemblait les habitants du lieu, j'y serais des premiers avec ma troupe ; si quelques mariages se faisaient à mon voisinage, on saurait que j'aime la joie, et j'y serais invité.

3 1. → Si je ne reçois pas de contrordre de votre part, je me présenterai à votre bureau demain matin.
2. → Mets un message sur mon répondeur, si cela est nécessaire.
3. → Le crédit sera accordé si le dossier est accepté.

EXPLICATION
Phrase 1 : d'autres formulations sont possibles : *si je n'ai pas de contrordre de votre part / si vous ne m'adressez pas de contrordre...*
Phrase 2 : la subordonnée peut être elliptique, c'est-à-dire ne pas comporter de verbe : *si nécessaire...*

13 L'indicatif présent : cas difficiles

1

	partir	craindre	convaincre
1re pers. sing.	je pars	je crains	je convaincs
3e pers. sing.	il part	il craint	il convainc
3e pers. plur.	ils partent	ils craignent	ils convainquent

	permettre
1re pers. sing.	je permets
3e pers. sing.	il permet
3e pers. plur.	ils permettent

2 1. résoudre – ~~coudre~~ – absoudre – dissoudre – éteindre
2. éteindre – joindre – craindre – ~~tendre~~ – résoudre

3 Éloigné de vos yeux, Madame, par des soins Impérieux (j'en prends tous les dieux à témoins), Je languis et je meurs, comme c'est ma coutume En pareil cas, et vais le cœur plein d'amertume, À travers des soucis où votre ombre me suit
Le jour dans mes pensers, dans mes rêves la nuit.

EXPLICATION
Seuls *coudre* (1), *tendre* (2) gardent le *d* du radical au singulier du présent.

14 Le passé simple

1

	suivre	courir	faire
1re pers. sing.	je suivis	je courus	je fis
3e pers. sing.	il suivit	il courut	il fit
3e pers. plur.	ils suivirent	ils coururent	ils firent

	devoir	finir
1re pers. sing.	je dus	je finis
3e pers. sing.	il dut	il finit
3e pers. plur.	ils durent	ils finirent

2 1. voulus – dus – ~~venus~~ – pus – crus – mourus
2. posa – récupéra – ~~criera~~ – erra –alla – arrêta

3 Quand l'inspecteur (revenir) revint, il (trouver) trouva Maigret campé sur le balcon [...]. Maigret (poser) posa le miroir debout sur la table et, à l'aide de deux chandeliers qu'il (prendre) prit sur la cheminée, il (dresser) dressa vis-à-vis la feuille de papier buvard.

4 Arrivé(e) au grenier, je demeurai saisi(e) d'étonnement, puis bondis vers une vieille malle. Je ne parvins pas à l'ouvrir, si bien que je me mis à imaginer un trésor caché.

EXPLICATION
Au passé simple, les terminaisons des personnes du singulier des verbes du 1er groupe (et du verbe *aller*) sont *-ai*, *-as*, *-a*.

15 Employer le passé simple et l'imparfait

1 1. Olivier salua (passé simple) Mme Lucien qui frottait (imparfait) avec son index les gencives de son bébé. Salua : action envisagée comme achevée, décrite du début à la fin. Frottait : action qui s'inscrit dans la durée. • 2. À l'épicerie, on grillait (imparfait) du café et toute la rue embaumait (imparfait). Grillait et embaumait : actions qui durent et qui se répètent.

2 **1.** → Pendant que je le regardais, il lut la lettre.
2. → Quand je vis la vitrine, je changeai soudain d'avis.
3. → Je passais chez eux chaque année de délicieuses vacances.

3 Ackroyd était fort entêté ; plus on le poussait à accomplir un acte, plus il s'y refusait. [...] La main sur la poignée de la porte, j'hésitai et regardai en arrière. [...] Je sortis en hochant la tête et je fermai la porte derrière moi.

EXPLICATION
Les actions exprimées au passé simple sont successives et forment la trame du récit.

16 Les temps composés de l'indicatif

1

Présent	elle connaît
Imparfait	elle connaissait
Futur	elle connaîtra
Passé simple	elle connut
Passé composé	elle a connu
Plus-que-parfait	elle avait connu
Futur antérieur	elle aura connu
Passé antérieur	elle eut connu

EXPLICATION
Quand tu conjugues le verbe *connaître*, n'oublie pas de mettre un accent circonflexe sur le i devant un t : *il connaît* (présent), mais il *connaissait* (imparfait).

2 Beaucoup plus tard, par le capitaine de Victor lui-même, Félicité connut les circonstances de la fin de son neveu. On l'avait trop saigné à l'hôpital, pour la fièvre jaune. Quatre médecins le tenaient à la fois, il était mort immédiatement.
Félicité ne voulut pas revoir les parents de Victor, pensant qu'ils avaient toujours traité leur fils avec barbarie.

3 **a.** Au plus-que-parfait.
b. Les actions exprimées par ces verbes sont antérieures par rapport au récit au passé simple et à l'imparfait.

17 Indicatif présent et subjonctif présent

1 ORGON : « Ah ! je vous brave tous, et vous ferai connaître
Qu'il faut qu'on m'obéisse et que je suis le maître.
Allons, qu'on se rétracte, et qu'à l'instant, fripon,
On se jette à ses pieds pour demander pardon. »

EXPLICATION
On utilise le subjonctif pour donner un ordre à la 3e personne : c'est le cas pour tous les verbes au subjonctif de ce texte, sauf *obéisse* qui dépend de *il faut*.

2 **1.** Chaque fois qu'il ☒ voit ce paysage, il s'extasie. • **2.** Bien qu'il ☒ sourie, il s'ennuie. • **3.** Il prend un air sérieux pour qu'on le ☒ croie.

3 Il faut que l'homme prenne conscience de la destruction progressive de son environnement pour qu'il ait envie de lutter et de chercher des solutions. Albert Einstein a écrit que, si les abeilles disparaissaient un jour, l'homme n'aurait plus que quatre années à vivre. Pour que l'humanité parcoure encore des millénaires, il faut qu'elle invente des remèdes durables.

18 Les autres temps du subjonctif

1

Verbes	Présent	Imparfait	Passé
obéir	que tu obéisses	qu'il obéît	que tu aies obéi
être	que vous soyez	qu'ils fussent	que vous ayez été
avoir	qu'ils aient	qu'il eût	qu'ils aient eu

2 Nous sommes à Paris depuis un mois, et nous avons toujours été dans un mouvement continuel. Il faut bien des affaires avant qu'on soit logé, qu'on ait trouvé les gens à qui on est adressé et qu'on se soit pourvu des choses nécessaires, qui manquent toutes à la fois.
Ne crois pas que je puisse, quant à présent, te parler à fond des mœurs et des coutumes européennes : je n'en ai moi-même qu'une légère idée, et je n'ai eu à peine que le temps de m'étonner.

EXPLICATION
Qu'on soit logé est un subjonctif présent passif.
Qu'on se soit pourvu est une forme du subjonctif passé du verbe pronominal se pourvoir.

3

Présent	Imparfait	Passé	Plus-que-parfait
qu'on soit logé	qu'on fût logé	qu'on ait été logé	qu'on eût été logé
qu'on trouve	qu'on trouvât	*qu'on ait trouvé*	qu'on eût trouvé
qu'on se pourvoie	qu'on se pourvût	*qu'on se soit pourvu*	qu'on se fût pourvu
que je puisse	que je pusse	que j'aie pu	que j'eusse pu

19 Les emplois du subjonctif

1 Ce matin-là, craignant que le réveil me jouât un mauvais tour en restant muet, j'avais demandé à ma mère de me réveiller au moment où elle partait. Il fallait absolument que je sois à l'heure à la gare, et que je ne rate pas le train. C'était le jour de mon dernier examen… Le téléphone a sonné, avant que mon réveil se soit déclenché. Je me suis précipité hors du lit. C'était ma mère qui s'assurait que tout était en ordre et que j'étais prêt à partir ! Je filai à la gare, redoutant que le moindre retard mît fin à mes espoirs d'avenir.

2 **1.** Le chef ordonne que les troupes fassent demi-tour. Après un verbe de volonté, la complétive est au subjonctif.
2. J'ai très peur que tu me croies coupable. Après un verbe de sentiment (ici, la crainte), la complétive est au subjonctif.
3. S'il veut partir avec nous, qu'il soit à l'heure ! Expression d'un ordre.
4. Bien qu'il ait fait de bonnes études, il n'a pas l'emploi dont il rêvait. Bien que est suivi du subjonctif.

EXPLICATION
Quelques verbes peuvent être suivis de l'indicatif ou du subjonctif selon le sens qu'on leur donne. Ainsi le verbe *dire* : *je dis qu'il vient* et *je dis qu'il vienne* sont deux phrases correctes. Dans le premier cas, le verbe *dire* est un verbe de déclaration, il est suivi de l'indicatif (*vient*) ; dans le second cas, il se charge d'une nuance de volonté et il est suivi du subjonctif (*vienne*).

3 **1.** Il veut que tu aies du courage.
2. Il veut que tu partes très tôt le matin et que tu coures toujours pour conserver la forme.

20 Indicatif futur et conditionnel présent

1 **1.** S'il essaie de prendre mon sac, je ☒ crierai ☐ crierais.
2. Je lui avais promis que je lui ☐ enverrai ☒ enverrais de l'argent.
3. Si je n'étais pas malade, je ☐ pourrai ☒ pourrais te rejoindre vite.
4. Demain, dès l'aube, à l'heure où blanchit la campagne, je ☒ partirai ☐ partirais.

2 **1.** Il dit : « Je l'aiderai. » → Il disait qu'il l'aiderait.
2. Il dit : « Il fera beau tout l'été. »
→ Il disait qu'il ferait beau tout l'été.
3. Il dit : « Nous partirons demain. »
→ Il disait que nous partirions le lendemain.

3 Ah ! que je n'aimerais pas que quelqu'un lise mon journal. J'ai numéroté les pages. Je me demande ce que j'aurai à la page 100. À partir de février, je dois aller au lycée clandestin. Mais ne pense pas, mon cher journal, que je t'abandonnerai pour autant ! Je n'aurai jamais de plus grand ami que toi.

EXPLICATION
Je n'aimerais pas exprime un souhait, ce qui explique la présence du conditionnel. Tous les autres verbes sont au futur, puisque ce sont des projections dans l'avenir, dans un contexte au présent.

21 Les emplois du conditionnel

1 Je voudrais revenir.
Près d'elle à l'improviste une nuit où le songe peut-être insinuerait que je ne serais plus.

EXPLICATION
Le sujet du verbe *insinuer* est *le songe* ; d'où la terminaison -ait.

2 **1.** → Je prendrais bien une boisson fraîche.
2. → [Si tu m'avais fait signe,] je serais venu te voir.
3. → Le baccalauréat ouvrirait-il donc toutes les portes ?

EXPLICATION
Phrase 2 : si l'hypothèse était non réalisée dans le présent, on dirait : *Je viendrais te voir.*

3 **1.** Pourriez-vous m'indiquer la boulangerie la plus proche ? demande atténuée • **2.** J'aimerais être sur un bateau. demande atténuée • **3.** Si je n'avais pas été obligé de trouver du travail après mes études, j'aurais voyagé à travers le monde entier. hypothèse/irréel du passé • **4.** Avec ce diplôme, viendrais-tu travailler dans mon entreprise ? supposition

4 **1.** Le malade disait que le lendemain il irait mieux. • **2.** Si sa mère l'avait voulu, il serait parti en vacances. • **3.** Auriez-vous l'amabilité d'ouvrir la fenêtre ?

22 La concordance des temps

1 Je forme une entreprise qui n'eut jamais d'exemple et dont l'exécution n'aura point d'imitateur. [...] Je sens mon cœur et je connais les hommes.
Je ne suis fait comme aucun de ceux que j'ai vus ; j'ose croire n'être fait comme aucun de ceux qui existent. Si je ne vaux pas mieux, au moins je suis autre.
1. Relève une proposition subordonnée dont l'action a lieu en même temps que celle de la principale. « qui existent » – « si je ne vaux pas mieux »
À quel temps est son verbe ? Au présent de l'indicatif.
2. Relève une proposition subordonnée dont l'action est postérieure à celle de la principale. « dont l'exécution n'aura point d'imitateur »
À quel temps est son verbe ? Au futur de l'indicatif.
3. Relève une proposition subordonnée dont l'action est antérieure à celle de la principale. « qui n'eut jamais d'exemple » – « que j'ai vus »
À quel temps est son verbe ? Au passé simple – au passé composé.
4. Réécris la première phrase en commençant par Je formais. Effectue les transformations nécessaires. Je formais une entreprise qui n'avait jamais eu d'exemple et dont l'exécution n'aurait point d'imitateur.

2 **1.** Je sortirai la voiture quand tu auras ouvert la porte du garage.
2. Quand il s'ennuyait, il écrivait ses souvenirs.
3. Il imaginait qu'à sa publication prochaine, son livre n'aurait aucun succès.

3 **1.** Bien qu'il ☐ coure ☒ courût vite, il n'était pas le meilleur. • **2.** Il faut de la lumière, pour que nous ☐ voyons ☒ voyions clair. • **3.** Il fallait qu'il ☐ aima ☒ aimât assez les bêtes pour devenir vétérinaire. • **4.** Il est nécessaire que le livre ☐ paraît ☒ paraisse en janvier.

4 Depuis que mon papa est mort, il a soin de la famille : de ma mère, de moi et de ma petite sœur. Avant que maman fût malade, il la recommandait aux riches pour qu'on lui donnât de l'ouvrage.

5 À travers les fenêtres, il vit que la pluie avait cessé depuis un moment. Il fallait maintenant qu'il sortît s'il ne voulait pas rater son train. Bien qu'il hésitât encore un peu, il se dirigea vers la porte et l'ouvrit. Quelle ne fut pas sa surprise quand il aperçut sur son paillasson un panier contenant un chiot endormi ! Il souleva délicatement le colis pour que l'animal ne se réveillât pas. Il se mit à le contempler, oubliant l'heure qui passait. Le train ne comptait plus à présent pour lui !

23 Accorder un adjectif qualificatif : cas difficiles

1 **1.** Il a mélangé du rouge et du jaune pour peindre des fruits orange • **2.** Les vêtements des soldats sont kaki et non vert olive • **3.** Les sénateurs romains portaient des bandes pourpres au bas de leurs toges blanches. • **4.** Des drapeaux français bleu, blanc, rouge flottent sur l'ambassade.

2 **1.** Ils avaient les bras ☐ nu ☒ nus malgré le froid.
2. Ils sont restés ☐ droit ☒ droits pendant l'appel.
3. Ils étaient ☒ demi- ☐ demis-nus dans la neige et le vent glacial.

3 – Il est deux heures et demie, souffle Robert qui a eu le temps de vérifier l'heure. Le commandant arrive, ne bougez plus, tenez bon.
On l'aperçoit au loin, la casquette vert foncé à tête de mort vissée sur le crâne. Il est vêtu d'un épais manteau et porte des bottes marron. – Je voulais seulement vous souhaiter une bonne nuit. [...]
– Il est trois heures trente, crie le kapo. Vous avez encore une demi-heure de sommeil.

24 Participe présent et adjectif verbal

1

Participe présent	Adjectif verbal
exposant – décrivant – attendant – faisant – parlant – équivalant	souriant – excellent – brillant – différent

2 **1.** Les jeunes enfants sont fatigants • **2.** Mes arguments sont bien différents. • **3.** Ne comprenant rien, je demandai des explications.

3 **1.** ~~suffocant~~ – provoquant – communiquant – zigzaguant
2. concluant – confiant – remuant – ~~abritant~~ – brillant

25 Accorder le verbe avec son sujet : cas difficiles

1 **1.** Marc, Éric et toi partirez tous les trois demain. • **2.** Ton frère et moi partirons bientôt en tandem. • **3.** Toi et lui/elle observez les oiseaux.

2 **1.** Tu es le premier qui ne dis/dit pas bonjour en arrivant. • **2.** Passe par l'une des routes qui mènent à Rome ! • **3.** Tes amis et toi faites une belle randonnée. • **4.** C'est Karin, toi et moi qui sommes les premiers.

3 Des belles femmes qui faisaient pousser des cornes à leur mari, les SS en voyaient tous les jours, mais une qui voulait s'en débarrasser en le faisant exécuter pour terrorisme, ils demandaient à voir de près. L'homme, sur son lit de mort, a confirmé, il était le seul responsable. Les schleus l'ont fusillé avec ses pansements qui volaient sous les balles. C'est nous qui l'avions tué cet homme et c'est lui qui nous sauvait la vie.

26 Accorder un participe passé : règles générales

1 La visite du château terminée, les touristes sont partis à regret. Ils ont jeté quelques regards en arrière, et ont emporté avec eux nombre de souvenirs qu'ils ont achetés sur place et surtout beaucoup de photos qu'ils ont faites. Les guides touristiques rangés dans les sacs n'ont plus rien à leur apprendre !

2

p.p. = adjectif qualificatif	p.p. avec auxiliaire *être*	p.p. avec auxiliaire *avoir* (COD à droite)	p.p. avec auxiliaire *avoir* (COD à gauche)
terminée – rangés	partis	jeté, emporté	achetés, faites

3 **1.** La maison qu'il a réalisée est la plus belle de la région. • **2.** Des diamants, ils en ont trouvé beaucoup. • **3.** C'est la vente de leur champ qui les a enrichis. – **4.** Des hommes sont venus à la ferme de bonne heure.

EXPLICATION
Phrase 2 : *en* mis pour *des diamants* est bien COD, mais c'est un pronom personnel adverbial qui n'entraîne aucun accord.

4 **1.** Vous lirez les documents ci-joints.
2. Ci-joint des documents que vous voudrez bien lire.
3. Les feuilles ci-jointes devront être remplies.

27 Accorder le participe passé d'un verbe pronominal

1 La moto et la voiture ont fait le tour de la place et se sont arrêtées devant le café-épicerie de la Paulette Goudounèche. Les civils en imper et chapeau sont sortis de l'auto, et se sont précipités vers le magasin. Tout à coup, la moto des Boches s'est mise à ronfler, les deux types en imper sont remontés dans leur auto. Les Allemands partis, les gens du bourg se sont retrouvés sur la place.

EXPLICATION
Les verbes pronominaux sont ici tous de sens réfléchi : leur participe passé s'accorde avec le pronom se (s') COD.

2 se ressembler – s'écrouler – se regarder – se parler – se sourire – se déchaîner – se mentir.

3 **1.** Elles se sont serré la main. • **2.** Ils se sont serrés l'un contre l'autre. • **3.** Les mains qu'ils avaient serrées étaient froides. • **4.** Elle s'est serrée contre sa sœur.

EXPLICATION
Le participe passé d'un même verbe pronominal peut prendre quatre orthographes différentes selon le contexte et la place des mots.

28 Orthographier même

1 Tous subissent la même tonsure, portent le même froc, mangent le même pain noir, dorment sur la même paille, meurent sur la même cendre. Le même sac sur le dos, la même corde autour des reins. Il peut y avoir là un prince, ce prince est la même ombre que les autres. Plus de titre. Les noms de famille même ont disparu. […]

EXPLICATION
Pour t'assurer du fait que *même* est adverbe, tu peux essayer de remplacer *même* par *aussi*, *de plus* ou *y compris* : *Les noms de famille aussi ont disparu.*

2 Tous subissent les mêmes tonsures, portent les mêmes frocs, mangent les mêmes pains noirs, dorment sur les mêmes pailles, meurent sur les mêmes cendres.

3 **1.** Même (adv.) ses parents ne pouvaient y croire. **2.** Ils ont programmé aujourd'hui les mêmes (dét.) films qu'hier. **3.** Monsieur, vous avez travaillé vous-même (dét.) très tard, ce soir. **4.** Elles n'osaient parler, même (adv.) doucement. **5.** Ils ne pensent qu'à eux-mêmes (dét.).

EXPLICATION
Phrase 4 : *même* est au singulier car *vous* ne désigne pas plusieurs personnes, mais une seule (*Monsieur*).

4 **1.** Il dort à même le sol. **2.** Mon frère est né ici même. **3.** Agissez toujours de même. **4.** Malgré ses difficultés, il a tout de même réussi.

29 Orthographier tout

1 **1.** Tous les tests le prouvent : déterminant accordé avec le nom déterminé.
2. Les livres sont tous dans la bibliothèque : pronom, mis pour les livres. On entend le s.
3. La voiture est tout abîmée : adverbe invariable.

EXPLICATION
Phrase 1 : pour vérifier que tu fais le bon choix, tu peux tenter la substitution et faire varier le genre du GN ; mets un GN féminin, par exemple : *toutes les expériences.*

2 **1.** Ces livres sont tous neufs. / Ces livres sont tout neufs.
Tous neufs = tous sans exception ; tout neufs = tout à fait neufs.
2. Tous les invités sont repartis. / Les invités sont tous repartis.
Tous les invités : les invités sans exception ; dans la seconde phrase, tous est pronom et reprend les invités, il y a une forme d'insistance sur l'idée de totalité.

3 Gilda rentra chez elle. C'était un grand immeuble. La force publique se déploya tout autour. […] Cinq minutes étaient accordées à tous les locataires de la maison pour évacuer tous les appartements. Tous les officiers durent reculer. À l'aube, le bombardement commença. Les grenades explosaient toutes en l'air sans frapper la maison. Gilda dit : « Je veux un œuf pour ma fille ». On tira de dix camions des œufs de toutes les dimensions. La fillette en choisit un tout petit, en carton. Tout est bien qui finit bien.

30 Distinguer *qu'elle* et *quel*

1 Avdotia ouvrit les yeux, s'appuya sur son coude, et se mit à écouter. La chanson qu'elle entendait retentissait, sonore et fière, dans l'air froid de la nuit. Akim aussi souleva la tête.
« Qui est-ce qui chante ? Quelle est cette voix ? demanda-t-il.
– Je ne sais pas, répondit sa femme.
– Il chante bien, reprit-il après un court silence. Quelle voix forte ! » Puis il se rendormit.

2 **1.** *quel* ou *quelle* ? Je te demande quelle est la bonne direction. • **2.** *qu'elle* ou *qu'elles* ? Il faut qu'elle vienne me voir. • **3.** *quelle* ou *qu'elle* ? On dit qu'elle est une femme d'esprit. • **4.** *quelle* ou *qu'elle* ? Quelle qu'elle soit, cette punition est méritée.

3 Alors qu'elles venaient de s'asseoir face à face dans le bus, quelle ne fut pas leur surprise de découvrir leur erreur ! Quel diable s'était ainsi joué d'elles ? L'une répétait qu'elle était confuse, l'autre se demandait quelles explications elle pouvait donner.

EXPLICATION
Quel déterminant s'accorde en genre et en nombre avec le nom qu'il détermine. Il peut ainsi prendre quatre formes différentes : *quel*, *quels*, *quelle*, *quelles*.

31 Distinguer *quel que* et *quelque*

1 Tout à coup parut quelque chose de noirâtre, plat. Était-ce quelque mille pattes ? [...] À force de se dire « Qu'allais-je faire dans cette galère ? », Léon finit par apercevoir quelques rayons d'espérance.

EXPLICATION
Quelque se trouve dans plusieurs expressions invariables : *quelque part*, *quelquefois* (en un seul mot), *quelque temps*...

2 **1.** ☒ Quelle que soit la température, je me baigne.
2. Mes recherches donnent ☒ quelques bons résultats.
3. ☒ Quel que soit le temps, tu fais du vélo.

3 Quelle que soit leur fatigue, les quelques jeunes filles finalistes de la compétition acceptèrent, pour saluer le public venu les acclamer, de parcourir à pied les quelque cinq cents mètres qu'elles auraient dû faire en voiture.

4 **1.** Les quelque dix livres restants sont à vendre. • **2.** Quelle que soit ta décision, sois prudent ! • **3.** Il faut que je lise encore ces quelque cent pages. • **4.** Quelles que soient ses raisons, il devra s'expliquer.

EXPLICATION
Phrases 3 et 5 : *quelle que* et *quelles que* s'accordent avec le sujet du verbe au subjonctif.

32 Indiquer les sens d'un mot

1 Une livre peut être une unité de poids, une monnaie ancienne ou la monnaie utilisée au Royaume-Uni. Ces trois sens possibles forment le champ sémantique du mot livre.

2

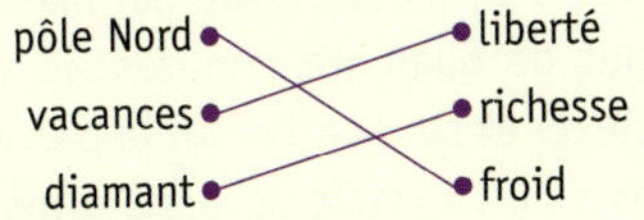

EXPLICATION
Froid pourrait évidemment convenir au terme *vacances*, dès l'instant où le mot se situerait dans un contexte particulier (comme les vacances d'hiver !).

3 **1.** une maison – un palais – une baraque – une demeure – un chalet – un château
2. un cheval – une rosse – un pur-sang – un étalon – une jument – un coursier
3. un homme – un personnage – une personne – un individu – un type

33 Synonyme, antonyme, homonyme et paronyme

1 **1.** Il a pu être très (vexé) froissé par leurs paroles trop directes.
2. Mon voisin est terriblement (bavard) prolixe !
3. Marc dissimule son caractère (farceur) espiègle sous un air sévère.

2

	Synonyme	Antonyme
succès	réussite	échec
tristesse	chagrin	joie

EXPLICATION
Il y a d'autres réponses possibles.

3 **1.** Nous nous arrêtons sur une aire de service de l'autoroute.
2. Les mythes de la religion grecque sont captivants.
3. Les galériens portaient de lourdes chaînes.

EXPLICATION
Le mot *air* a de nombreux homonymes : *aire*, mais aussi *ère*, *erre*, *hère*. *Hère* signifie « homme misérable », et « jeune cerf » : *hère* et *hère* sont homographes.

4 **1.** irruption ou éruption ? Tu as fait une brutale irruption dans la salle. – Le Vésuve est entré en éruption en 79 après J.-C. **2.** incident ou accident ? Un grave accident a eu lieu sur l'autoroute. – Tout cela peut se résumer en un incident diplomatique sans conséquence grave.

EXPLICATION
Les paronymes sont sources d'erreurs collectives : c'est le cas de collision (accident) et de collusion (complicité), de conjecture (supposition) et de conjoncture (situation).

34 Les figures de style

1 Mignonne, allons voir si la rose
Qui ce matin avait déclose
Sa robe de pourpre au soleil
A point perdu cette vesprée
Les plis de sa robe pourprée
Et son teint au vôtre pareil.

Las ! voyez comme en peu d'espace
Mignonne, elle a dessus la place
Las, las ses beautés laissé choir !
Ô vraiment marâtre Nature,
Puisqu'une telle fleur ne dure
Que du matin jusques au soir ! [...]

1. Voir ci-dessus.
2. Il s'agit d'une comparaison.
3. « Les plis de sa robe pourprée ».
4. Les pétales de la rose.
5. Le poète attire l'attention de la jeune fille à laquelle il s'adresse en l'interpellant.

2

le poète	le prince des nuées
Napoléon	le Petit Caporal
Amsterdam	la Venise du Nord
le moustique	le petit serpent ailé

EXPLICATION
Les périphrases permettent d'éviter des répétitions, ou de mettre en avant une caractéristique particulière de ce dont on parle.

35 Les marques de modalisation

1 **1.** ❑ **a.** Le film Capitaine Blood a été réalisé par Michael Curtiz.
❑ **b.** Il est sorti aux États-Unis en 1955.
☒ **c.** C'est indiscutablement l'une des grandes dates du film d'aventures hollywoodien.
❑ **d.** Parmi les acteurs figurent Errol Flynn et Olivia de Havilland.
☒ **e.** Ce film est marqué par la rencontre de Flynn et d'Olivia de Havilland qui formeront un couple exceptionnel.
☒ **f.** Les studios de la Warner semblent découvrir avec Capitaine Blood la magie du cinéma d'aventures.
☒ **g.** Le travail de M. Curtiz est celui d'un vieux routier et d'un grand professionnel.

2. Phrase c : l'une des grandes dates.
Phrase e : un couple exceptionnel.
Phrase f : la magie.
Phrase g : un vieux routier ; un grand professionnel.

EXPLICATION
Selon le cas, les énoncés modalisés expriment un plus ou moins grand degré de certitude (*indiscutablement, semblent*) et/ou un jugement positif sur le film.

2 Comme j'eus peur ! Puis voilà que tout à coup je commençai à m'apercevoir dans une brume, au fond du miroir, dans une brume comme à travers une nappe d'eau ; et il me semblait que cette eau glissait de gauche à droite, lentement, rendant plus précise mon image de seconde en seconde. C'était comme la fin d'une éclipse. Ce qui me cachait ne paraissait point posséder de contours nettement arrêtés, mais une sorte de transparence opaque s'éclaircissant peu à peu. Je pus enfin me distinguer complètement.

3 **1.** Mon frère aurait perdu ses papiers dans le métro.
Mon frère a perdu ses papiers dans le métro.
2. Cet exercice est bien évidemment utile.
Cet exercice est utile.
3. Il paraît que la pluie va cesser prochainement.
La pluie va cesser prochainement.
4. D'après moi, il ne pleuvra pas aujourd'hui.
Il ne pleuvra pas aujourd'hui.
5. Il se pourrait que les épreuves soient difficiles.
Les épreuves sont difficiles.

4 Or, ayant dormi quarante minutes, je rouvris les yeux sans faire un mouvement, réveillé par une émotion. Je ne vis rien d'abord, puis tout à coup, une page du livre resté ouvert sur ma table tourna toute seule. Aucun souffle d'air n'était entré par ma fenêtre. J'attendis. Au bout de quarante minutes, je vis une autre page se soulever et se rabattre sur la précédente. Mon fauteuil était vide ; il était là, assis à ma place, et il lisait.

EXPLICATION
Il y a bien sûr plusieurs versions possibles.

INFOS PARENTS

© Phovoir

En quoi consiste le programme de français en 3e ? • Comment se déroule le cours de français ? • Quels types de travaux l'enseignant propose-t-il ? • Quelle aide pouvez-vous fournir à votre enfant à la maison ? • En quoi consiste l'épreuve du Brevet ?

Voilà autant de questions que vous vous êtes sans doute déjà posées et auxquelles ce supplément « Infos parents » tente d'apporter des réponses, les plus précises possible.

En quoi consiste le programme de français en 3e ?

Le programme de français du cycle d'orientation (3e) actuellement en vigueur est défini de manière détaillée par des instructions officielles de 2008, que l'on peut retrouver sur le site du CNDP (http://www.education.gouv.fr/cid22117/mene0816877a.html). Il se caractérise par un double objectif : faire pratiquer la lecture, l'écriture, l'expression orale, et faire acquérir la maîtrise des outils de langue nécessaires à ces pratiques. Les élèves prouvent leur maîtrise de la langue au moment du Brevet National des Collèges (BNC) qui clôt ce cycle.

La lecture

Les formes du récit aux XXe et XXIe siècles

Il s'agit de lire au moins deux œuvres, en **lecture intégrale** ou par **extraits**, choisies librement dans les récits d'enfance et d'adolescence comme *L'ami retrouvé* de Fred Uhlman, *Le Grand Meaulnes* d'Alain-Fournier ou *L'enfant de Sable* de Tahar Ben Jelloun, ainsi que dans les romans et nouvelles des XXe et XXIe siècles porteurs d'un regard sur l'histoire et le monde contemporains.

La poésie dans le monde et dans le siècle

Votre enfant devra lire également des **poèmes** d'auteurs **engagés** comme Paul Éluard, Louis Aragon ou Aimé Césaire, mais aussi des poèmes de Guillaume Apollinaire, Blaise Cendrars ou Henri Michaux qui portent un regard neuf sur le monde grâce à la poésie.

Théâtre : continuité et renouvellement

La lecture de texte de théâtre, intégralement ou en extraits, est également au programme : au moins **une tragédie** antique, classique ou contemporaine, cette dernière permettant à l'enseignant d'aborder la relation entre texte et représentation ainsi que l'ensemble des notions relatives à la mise en scène.

Étude de l'image

L'étude de **l'image comme engagement et comme représentation de soi** sera privilégiée en 3e. L'enseignant fournit des outils d'analyse pour l'image animée et fait réfléchir à la problématique de l'adaptation d'une œuvre littéraire pour le cinéma ou la télévision.

L'expression écrite

L'objectif à atteindre en 3e est la rédaction d'un **texte correct et cohérent de plus de deux pages**. Les activités d'écriture permettent à l'élève d'affiner l'expression de soi, de développer et d'affirmer son point de vue dans l'argumentation.

Écrire, c'est maîtriser la langue. L'élève doit parvenir à rédiger dans une langue correcte, précise et variée, de façon non seulement à traduire **l'expression de ses sentiments**, à exprimer **son avis** mais aussi à faire une **synthèse** à partir d'un **exposé** ou de recherches personnelles.

La maîtrise de la langue

La grammaire

La maîtrise de la grammaire permet de disposer de tous les outils de la langue pour exprimer une pensée tout en nuances, en précision et avec exactitude : grammaire de la phrase, du verbe, du texte ou de l'énonciation. Cette **connaissance de la grammaire** est le passage obligé si l'on veut maîtriser l'orthographe grammaticale.

L'orthographe et le lexique

L'orthographe lexicale est tout aussi importante, car elle porte en elle l'histoire de notre langue et conditionne la prononciation et le sens des mots.

Comment aider son enfant à acquérir une meilleure maîtrise de la langue ?

Le travail en période et le décloisonnement des savoirs ne signifient en aucun cas un abandon de l'étude de la langue. Les enseignants continuent en particulier à enseigner l'orthographe et la grammaire. Quels sont les exercices pratiqués dans ce domaine ? Quels sont les exercices pratiqués en 3e ? Comment aider un enfant à progresser ?

Le travail en classe

L'étude de la grammaire

Les séances consacrées à l'étude de la langue sont conduites selon une progression méthodique et peuvent ne pas être étroitement articulées avec les autres composantes de l'enseignement du français. L'attention portée aux faits de langue a également sa place et son utilité **dans le cadre des travaux de lecture et d'écriture**, qui fournissent l'occasion, selon leurs perspectives propres, de renforcer la compréhension et la mise en pratique des connaissances acquises. L'ordre est celui que décide librement le professeur, l'essentiel étant que toutes les notions figurant au programme aient été enseignées en classe et assimilées par les élèves.

L'acquisition de la compétence orthographique

Elle est indissociable des savoirs acquis dans les séances consacrées à la grammaire et au lexique. Elle rend nécessaire un apprentissage raisonné et régulier, étroitement articulé avec ces séances : le professeur veille à la mémorisation des règles essentielles et à leur réinvestissement **dans des activités d'écriture variées.**

Le travail sur le lexique

Il s'agit d'une préoccupation constante dans le cadre de l'enseignement du français au collège. Le professeur s'attache, surtout en Troisième, à élargir le vocabulaire abstrait portant sur des concepts et notions littéraires, en relation avec le maniement des idées et la structuration de la pensée, afin de **faciliter la transition du collège au lycée**. Il conduit également les élèves à repérer et comprendre, au-delà du sens explicite d'un terme, d'autres effets de sens.

Le travail à la maison

Être régulier dans le travail d'apprentissage

Il ne s'agit pas seulement de **retenir les règles** de grammaire ou d'orthographe, il faut aussi **apprendre des textes** qui apportent vocabulaire, tournures et idées. L'exercice de récitation permet également un travail d'appropriation des textes et de diction. L'écoute et les conseils des parents sont précieux. La **mémoire** doit être exercée aussi souvent et aussi régulièrement que possible de façon à créer des automatismes et des habitudes dans les emplois de la langue tant à l'écrit qu'à l'oral.

Reprendre les exercices faits en classe

Il est particulièrement utile et judicieux de **refaire à la maison des exercices donnés et corrigés en classe** afin de s'assurer que tout est bien compris et que les erreurs ne seront plus reproduites. C'est vrai aussi bien pour les exercices de grammaire et de vocabulaire que pour les dictées. Si des fautes se répètent, les parents peuvent aider leur enfant à comprendre la raison de cette persistance et y remédier, mais aussi lui proposer ce cahier d'entraînement. Il offre des exercices supplémentaires et leurs corrigés et peut ainsi éviter l'impression de répétition suscitée par les mêmes exercices refaits.

Être rigoureux dans sa prise de note

Dans toutes les activités du cours de français, **l'élève s'initie à la prise de notes**. Il convient, pour que le cours soit profitable, de **reprendre les notes à la maison**, de les mettre au propre tranquillement, en veillant en particulier à l'orthographe. Cette manière de revoir le cours favorise la mémorisation du travail fait en classe et permet de porter un regard critique et constructif sur la qualité des notes prises, de leur contenu et de leur pertinence.

En quoi consiste l'épreuve de Français au brevet ? Comment s'y préparer ?

Le professeur, pendant toute l'année de 3e, propose à l'élève des écrits d'entraînement au brevet national des collèges. L'épreuve de français se compose de quatre parties : des questions portant sur un texte d'une trentaine de lignes maximum, intégrant un exercice de réécriture, une dictée et une rédaction.

L'épreuve

Les questions

Les questions sont pour les unes d'ordre lexical et grammatical, tandis que d'autres engagent le candidat à réagir à sa lecture en justifiant son point de vue. Toutes permettent de dégager ce qui fait l'intérêt du texte étudié. Elles sont formulées de façon standard, c'est-à-dire qu'il est bon de **se familiariser avec ce questionnement** pour mieux comprendre ce que l'on attend comme genre de réponse : s'agit-il d'un relevé de mot, d'une explication ou d'une question de manipulation de la langue... ?

L'exercice de réécriture

La réécriture demande de **l'attention dans la lecture des consignes**. En effet, en fonction de diverses contraintes grammaticales précisées dans la consigne, l'élève doit réécrire un ou plusieurs passages du texte proposé, entraînant des transformations orthographiques. Une bonne connaissance de la langue, que ce soit au niveau de la grammaire et de l'orthographe, s'impose.

La dictée

La dictée d'un texte de 600 à 800 signes en quinze minutes permet de révéler la maîtrise qu'a l'élève de l'orthographe.
Il doit **apprendre à relire** de façon critique. Tous les accords sont-ils bien respectés ? Celui du verbe avec son sujet, de l'adjectif avec le nom ? ...

La rédaction

La rédaction est le travail le plus complet mettant en évidence la **capacité** de l'élève à **s'approprier un sujet et à le traiter**.
Deux sujets au choix lui sont proposés :
– l'un fait appel à **l'imagination** et prend appui sur le texte initial ;
– l'autre demande une **réflexion** sur une question ou un thème en relation avec le sens du texte.
L'élève doit produire un texte correct et cohérent, d'une longueur de **deux pages** (environ trois cents mots). Ce texte doit être **structuré**, construit en **paragraphes**, correctement **ponctué**.

Se préparer

Organiser ses révisions

On pourra établir avec l'enfant **un calendrier intégrant les diverses révisions** des diverses matières. En français, il faut prévoir de se remémorer les points essentiels sur lesquels les questions du Brevet portent chaque année, comme les temps dans le récit, la relation cause-conséquence ou les figures de style.

Travailler sur ses points faibles

Dans ce but, il conviendra de **refaire plusieurs fois les travaux écrits d'entraînement** qui auront été proposés en classe pendant l'année. On peut très bien refaire les dictées et guider l'enfant dans la révision de ses points faibles : la grande majorité des fautes concerne les formes verbales. C'est souvent sur elles qu'il faut aider l'enfant à se concentrer.

Deux impératifs

N'hésitez pas à rappeler à votre enfant l'importance de la **gestion du temps** au cours de l'épreuve ainsi que celle **du brouillon**, essentiellement pour l'épreuve de rédaction. Il faut prendre le temps de réfléchir et d'ordonner ce que l'on veut dire. Écrire ses idées sur un brouillon permet d'éviter d'écrire au hasard, de raturer. Un travail propre et bien présenté parle en faveur de l'élève.

PETITE FOIRE AUX QUESTIONS

→ Mon enfant ne lit pas. Que faire ?

La lecture personnelle de l'élève, en dehors du temps scolaire, est souvent en rapport avec le travail conduit en classe. Le professeur cherche à développer le goût de lire, en proposant un choix commenté d'œuvres adaptées à ses élèves et à son projet pédagogique.
Mais on peut proposer à son enfant de **lire des revues et magazines** dans des domaines qui l'intéressent ainsi que des bandes dessinées de qualité.
La fréquentation des rayons livres pour la jeunesse en bibliothèque ou en librairie peut aussi lui donner l'occasion d'être curieux par lui-même et de choisir librement ce qu'il veut lire sans le poids de la contrainte scolaire.

→ Comment lui donner envie de lire les œuvres littéraires étudiées en classe ?

Il faut expliquer à l'enfant que l'œuvre littéraire proposée par le professeur n'est pas forcément compliquée mais indispensable pour acquérir ce qui constitue le socle d'une culture commune, la richesse d'une pensée et d'une écriture qu'il est possible de **s'approprier, voire de réutiliser**.
L'édition choisie, si l'achat du texte est confié aux parents, peut être **attractive, illustrée** et le texte rendu plus lisible par un graphisme approprié.
On peut aussi expliquer à son enfant qu'il est possible de **« sauter » quelques passages** descriptifs, quitte à y revenir ensuite.

→ Mon enfant ira-t-il au théâtre avec sa classe ?

Il n'y a **pas d'obligation pour le professeur** à emmener sa classe au théâtre. Ce genre de sortie est parfois compliqué à organiser en fonction de l'éloignement du théâtre, de l'absence de matinées scolaires et des multiples problèmes de transport.
Cependant beaucoup de théâtres organisent des matinées scolaires et proposent, en outre, au titre de l'action culturelle, des **interventions en classe** faites par des gens qualifiés capables de préparer les élèves à mieux comprendre le spectacle.

→ Mon enfant a du mal à développer ses idées. Dois-je m'en inquiéter ?

Le programme de 3e invite l'élève à s'interroger sur les problèmes de l'humanité et les grandes questions de notre monde et de notre temps. Le professeur propose donc régulièrement à l'élève des travaux écrits l'incitant à **donner son avis en le justifiant**. Il s'agit de l'écrit argumentatif.
Il faut donc saisir toutes les occasions pour **discuter avec** l'adolescent, qui manque encore d'expérience et de maturité, en lui montrant qu'une prise de position doit être réfléchie et justifiée, que l'histoire, la littérature, le cinéma lui fournissent des exemples de situations susceptibles de guider sa propre réflexion.

36 Statut du narrateur et point de vue

1 Dans le premier extrait, le narrateur est interne car le récit est à la 1re personne. Comme il s'agit d'une autobiographie, Chateaubriand est à la fois le narrateur, le personnage et l'auteur : c'est à lui que renvoient le je et toutes les marques de la première personne.
Dans le deuxième extrait, le narrateur est externe car le récit est à la 3e personne.

EXPLICATION
Attention, dans un récit à la 1re personne, il arrive que le narrateur soit un personnage fictif : dans ce cas, l'auteur et le narrateur doivent être distingués.

2 Le point de vue est externe. Nous pouvons voir la scène, nous la représenter comme si une caméra nous en rendait l'image. Le narrateur semble effacer sa présence pour prouver son objectivité.

EXPLICATION
Les verbes de perception, les notations de lumière, les pronoms indéfinis *(on)*, placent le narrateur comme spectateur externe.

3 Le début présente un point de vue externe : on voit l'homme de « l'extérieur ». Mais le point de vue devient interne à partir de la 4e phrase (« Une seule idée… »). À partir de ce moment, on suit les pensées de l'homme, ses intentions.

EXPLICATION
On peut aussi considérer que la 3e phrase relève déjà du point de vue interne : en effet, le narrateur semble connaître les intentions du personnage *(pour glisser…)* et ses sensations *(le gênait)*.

4 Le point de vue est omniscient. Le récit est à la 3e personne et on connaît les sentiments et réactions des deux personnages en présence.

EXPLICATION
Des éléments du texte trahissent la présence du narrateur *(pauvre enfant !, cette âme de fer)* : ce sont des modalisateurs.

37 Discours direct et discours indirect

1 **1.** Le boulanger lui a demandé ce qu'il voulait.
→ discours indirect.
2. « Tu dors ? demande Marc.
– Non, je fais semblant », répond Éric, les yeux fermés.
→ discours direct.
3. Il dit en regardant autour de lui qu'il reviendrait vite. → discours indirect.

2 **1.** Elle lui demande quand il/elle pourra venir la chercher.
2. Il lui disait qu'il/elle n'avait rien fait depuis la semaine précédente.
3. Il annonçait qu'une semaine plus tard, il déménageait.
4. Elle disait qu'elle était arrivée la veille et que le lendemain, elle retournerait chez elle.
5. Il demandait à Sarah si elle pouvait apporter son ordinateur portable.

EXPLICATION
Observe les changements d'indicateurs de temps : *hier* → *la veille* ; *demain* → *le lendemain* ; *la semaine dernière* → *la semaine précédente*…

3 L'agent marmonnait. Il allait appeler leurs parents. Ils finiraient par comprendre ! Lui, ne pouvait plus tolérer leurs sempiternelles bêtises. [Il déversa sur eux encore mille reproches et menaces.] Il s'arrêta enfin à l'arrivée de son collègue.

EXPLICATION
Le discours indirect libre permet d'alléger le récit.

4 **1.** Je restai évasif. Cela m'était égal et nous pourrions le faire si elle le voulait.
2. Je m'expliquai avec elle. Cela n'avait aucune importance et si elle le désirait, nous pouvions nous marier.

5 Le type de l'immigration m'a demandé mon nom, et quand je le lui ai dit, il a manifesté son mépris et a décidé que je m'appellerais Jack.

38 Les connecteurs

1 Le sentier, d'abord, montait entre des terrains vallonnés comme la pelouse d'un parc, puis arrivait sur un plateau où alternaient des pâturages et des champs en labour. Çà et là, un grand arbre mort faisait sur l'air bleu des zigzags avec ses branches. Presque toujours on se reposait dans un pré, ayant Deauville à gauche, Le Havre à droite et en face la pleine mer.

EXPLICATION
D'abord, *puis* sont des connecteurs temporels mais ici, comme souvent, ils ont davantage un rôle logique, puisqu'ils assurent la progression de la description.

2 **1.** La couche d'ozone diminue, si bien que certains États s'inquiètent.
2. Tu redoutes la chaleur, de sorte que tu es venu de bon matin.

3

Relation logique	Connecteur logique
Cause	car – en effet – car
Conséquence	ainsi
Opposition	or – mais – mais
Addition	Il n'y a pas de connecteurs d'addition dans ce texte.

EXPLICATION
Seuls sont considérés comme connecteurs les mots-outils reliant des phrases ou des propositions (et non des mots) ; ainsi, les conjonctions de coordination ne sont pas toujours utilisées comme connecteurs logiques.

4 Ce bon geôlier [...], c'est la prison incarnée [...]. Tout est prison autour de moi ; en effet, je trouve la prison sous toutes les formes, sous la forme humaine comme sous la forme de grille ou de verrou. Ce mur d'abord, c'est de la prison en pierre ; cette porte ensuite, de la prison en bois ; ces guichetiers enfin, c'est de la prison en chair et en os. La prison est une espèce d'être horrible, complet, indivisible, moitié maison, moitié homme. Or je suis sa proie, elle me couve, elle m'enlace de tous ses replis. C'est pourquoi elle m'enferme dans ses murailles de granit, me cadenasse sous ses serrures de fer, et me surveille avec ses yeux de geôlier.

EXPLICATION
Le choix d'autres connecteurs est possible. Cependant il est nécessaire de respecter la cohérence logique du texte : *en effet* par exemple peut être remplacé par *car* ou par un autre mot, mais ce mot doit rendre compte du lien de cause qui unit les phrases.

39 Analyser un texte argumentatif

1 ☒ La notion de « beau » est très relative.

2 Mesdames et messieurs les jurés, vous devez aujourd'hui juger cette femme. Ce que j'ai à vous dire est simple : si elle a bien commis un vol, elle n'en est pas pour autant coupable, car le véritable coupable est la société ! [En effet, personne ne naît voleur ou assassin, mais on le devient, à force de souffrances.] *Le grand Victor Hugo a dit : « Tel a assassiné sur les grands routes qui, mieux dirigé, eût été le plus excellent serviteur de la société. »* Que penser alors de cette pauvre femme qui, voyant son enfant grelottant de froid, a mis sa propre liberté en péril pour le secourir ?
1. Un avocat.
2. « Ce que j'ai à vous dire est simple »
3. Voir ci-dessus.
4. Un argument d'autorité.
5. La pitié.

EXPLICATION
Ce type de discours s'appelle une plaidoirie. L'avocat cherche à convaincre son auditoire par tous les moyens possibles et utilise donc différents types d'arguments.

3 **1.** Robert Badinter
(ministre de la Justice de 1981 à 1986).
2. Aux députés.
3. R. Badinter prononce un discours à l'Assemblée nationale.
4. Convaincre les députés de voter l'abolition de la peine de mort.
5. Sur une anaphore.
6. Un oxymore.

EXPLICATION
L'anaphore (*Demain...*) contribue à créer une tension, qui progresse jusqu'à la phrase finale : « *Demain, vous voterez l'abolition de la peine de mort.* »
L'oxymore (*une justice qui tue*) a ici une visée argumentative et fait apparaître la contradiction entre l'idée de justice et la peine de mort.

4 1. En premier lieu, l'école permet de s'initier aux règles de vie en société.
3. Par ailleurs, l'école transmet de nombreux savoirs.
4. Les différentes matières enseignées – maths, français, sciences, histoire, géographie, langues... – sont l'occasion d'acquérir des connaissances diversifiées.
5. Enfin, les compétences générales acquises à l'école sont indispensables.
2. Les élèves apprennent à respecter les autres, à écouter et prendre la parole de manière constructive...
6. Parmi elles, la curiosité et l'esprit critique facilitent l'adaptation à un monde toujours en évolution.
1. Souligne les trois connecteurs qui ordonnent l'argumentation. Voir ci-dessus.
2. Quelle thèse ces arguments défendent-ils ? Aller à l'école est utile et indispensable.

40 Analyser une image argumentative

1 **1.** Une affiche.
2. Tout le monde.
3. Un micro.
4. Un homme et une femme.
5. De la gaieté, une ambiance de fête.
6. La date et la nature de la fête.
7. ❑ froideur ☒ joie ❑ confort ❑ tristesse ❑ énervement ❑ angoisse ❑ indépendance ❑ stress ☒ mouvement ❑ effort ❑ contrainte ❑ souplesse ❑ morosité ❑ gaieté ❑ ennui ❑ stabilité ❑ clarté ☒ enthousiasme ❑ mélancolie

2 **1.** Qui est l'émetteur de ce document ?
Le gouvernement (pour la sécurité routière).
2. Qui est le destinataire ? Les conducteurs de voiture.
3. Où le personnage de la photo se trouve-t-il ?
Au volant d'une voiture qui roule.
4. Que fait le personnage de la photo ? Il téléphone.
5. Quelle est la particularité du personnage ?
Il n'a pas de tête.

EXPLICATION
Le personnage ne voit pas la route, on peut dire qu'il n'y a pas de conducteur à proprement parler.

3 **1.** Combien de phrases composent le message verbal ? Deux phrases.
2. Où le message verbal est-il placé ? Au bas de l'image.
3. Quel mot est répété dans le message ?
Le mot *téléphoner.*
4. Quel est le but recherché par ce message ?
Faire prendre conscience du danger que représente la personne qui téléphone pour le monde qui l'entoure.

4 Le téléphone au volant est un danger : le conducteur n'est plus attentif, c'est exactement comme s'il n'était pas là.

Vers le Brevet

1 Texte de Victor Hugo

QUESTIONS
1. Les mots « geôlier », « cellule », « menottes », « prison » appartiennent au champ lexical du monde carcéral.
2. a. Le rapport logique est la conséquence : L'air vif du matin me ranima si bien que je levai la tête.
b. Le narrateur paraît reprendre vie.
3. a. On relève les adjectifs qualificatifs suivants : « bleu », « chauds », « longues », « grands », « hauts », « sombres ».
b. Le narrateur voit la lumière du ciel. Cette clarté contraste avec l'obscurité de la prison.
4. a. Les « menottes » et leur « petite serrure compliquée » forment une machine, c'est-à-dire un appareil qui agit de manière automatique. Le narrateur s'identifie lui aussi à une machine, car il agit mécaniquement comme un robot et non plus comme un être humain.
b. Il se sent « le centre auquel se rattachaient les fils qui faisaient mouvoir toutes les faces béantes et penchées ».
5. L'accumulation des termes et la répétition de « puis » produisent le sentiment de marche sans fin.
6. Le narrateur se laisse manipuler comme un objet, perdant toute conscience de ce qui lui arrive.
7. a. Les trois verbes sont « claquaient », « tremblaient », « trébuchai ».
b. Il s'agit d'une comparaison.
c. Le narrateur a sans doute froid mais il a surtout peur.
8. Les gens sont bruyants, se bousculent et poussent pour voir le prisonnier, comme en témoignent les expressions « deux masses de peuple murées de soldats », « toutes les faces béantes et penchées » ; puis au contraire tous se taisent : « il se fit un grand silence », preuve que quelque chose de grave se prépare.

9. a. Le pronom « il » remplace « tumulte ».
b. Jusqu'à la salle, le narrateur se laisse mener et n'a que quelques impressions fugitives (air, bruit...). Ce qu'il a refusé durant le trajet devient réalité avec le silence.
10. a. Le texte est pathétique car l'attitude physique du condamné, l'évocation de sa souffrance et sa solitude provoquent l'émotion et la compassion du lecteur face à une situation inhumaine.
b. En décrivant la souffrance du condamné dans tout ce long cheminement qui va de l'arrestation à la mort, Victor Hugo veut montrer au lecteur le manque d'humanité du monde carcéral et de la justice. Or un être humain reste un être humain, quoi que l'on puisse lui reprocher.

RÉÉCRITURE
En cet instant, il s'aperçoit qu'il est sans chaîne ; mais il ne peut se rappeler ni où ni quand on la lui a ôtée.

DICTÉE
Tout à coup l'un des valets m'a enlevé ma veste, et l'autre a pris mes deux mains qui pendaient, les a ramenées derrière mon dos, et j'ai senti les nœuds d'une corde se rouler lentement autour de mes poignets rapprochés. En même temps, l'autre détachait ma cravate. Ma chemise de batiste, seul lambeau qui me restât du moi d'autrefois, l'a fait en quelque sorte hésiter un moment ; puis il s'est mis à en couper le col.
À cette précaution horrible, au saisissement de l'acier qui touchait mon cou, mes coudes ont tressailli, et j'ai laissé échapper un rugissement étouffé. La main de l'exécuteur a tremblé.
Victor Hugo, *Le Dernier Jour d'un condamné*, 1829.

RÉDACTION
2. Plan détaillé
Il est vrai que :
– à l'heure actuelle, quelques pays appliquent encore la peine de mort comme certains États des États-Unis ; ce n'est plus le cas en France ;
– le désir de châtier le coupable, d'obtenir vengeance est très vif quand les faits sont révoltants ;
– les défenseurs de la peine de mort clament la nécessité de faire des exemples pour faire peur et décourager les futurs délinquants.
Mais il est préférable de penser que :
– la justice humaine peut s'exercer sans forcément rendre coup pour coup ;
– un homme n'est pas criminel à vie. Il peut s'amender, se racheter. Quand il a purgé sa peine, il peut avoir évolué et on doit lui permettre de se réinsérer socialement, avec, s'il le faut, une période de mise à l'essai ;
– l'erreur judiciaire existe. Comment peut-on être certain en effet, quand l'accusé clame son innocence, qu'il est le coupable, au risque de le faire mourir pour découvrir par la suite qu'il était vraiment innocent ?

2 Texte d'Ida Grinspan

QUESTIONS
1. a. Le rapport logique est l'opposition.
b. Même si ma fille m'encourageait sans cesse (subordonnée), je remettais à plus tard (principale).
2. Ida prévoyait « qu'il serait douloureux de revivre certains souvenirs [qu'elle avait] enfouis ».
3. Le verbe est au subjonctif, car il est précédé de la conjonction de subordination « sans que ».
4. En avril 2001, Wanda meurt. Ida a alors le sentiment d'une dette envers celle qui lui a sauvé la vie et qu'elle n'a jamais pu remercier. Elle sent que seul son témoignage peut lui permettre de se racheter et elle se décide à écrire.
5. préfixe : *dés* / radical : *human* / suffixe : *isation*
6. On peut choisir trois éléments parmi ceux que cite Ida : « n'être qu'un numéro », « ne rien posséder de personnel qu'une gamelle et une cuillère », « avoir constamment faim », avoir « toujours froid durant les longs hivers », « être épuisée », être « battue », « craindre le pire à chaque instant ».
7. Le procédé de style utilisé est l'accumulation (ou énumération).
8. La proposition subordonnée de cause qui donne l'unique explication, d'après Ida, de la Shoah est « parce qu'ils étaient nés ».
9. Les événements historiques évoqués par l'auteur sont « le nazisme et ses méthodes » à Auschwitz durant la Seconde Guerre mondiale et les massacres au Cambodge et au Rwanda.
10. Ida veut témoigner auprès des jeunes « pour qu'ils sachent ce que des hommes ont été capables de faire à d'autres hommes [...] les jeunes doivent être préparés à préserver les libertés des tentations totalitaires ». En racontant les horreurs qu'elle a vécues, Ida veut mettre en garde les jeunes et leur montrer la valeur de la liberté.

11. L'auteur utilise le présent à valeur de vérité générale « doivent » pour insister sur la nécessité d'informer les jeunes.

12. Ida met en avant la chance que nous avons de vivre en République, en Démocratie. C'est important car nous avons la liberté de pensée, la liberté de parole, la liberté d'action. Ce sont des précieux trésors qu'il faut à tout prix garder.

RÉÉCRITURE

Elle juge nécessaire de raconter tout ce qu'elle a vu et vécu elle-même. Sa fille l'encourage sans cesse, mais elle remet à plus tard. Elle prévoit qu'il sera douloureux de revivre certains souvenirs qu'elle a enfouis.

DICTÉE

« Si nous ralentissons le pas, les coups de crosse pleuvent. Celles qui tombent sont abattues. Le talus de la petite route est jonché de cadavres. [...]

« Au bout de soixante-dix kilomètres parcourus en trois jours et trois nuits, nous sommes arrivées dans une ville dont le nom m'a échappé. [...] C'est là qu'on nous fait monter dans des wagons à plate-forme, découverts, et qui servent probablement au transport du charbon. [...] Seul intérêt du manque de toit : pendant le trajet d'au moins deux jours vers Ravensbrück, nous n'avons rien à manger, nous devons nous contenter d'ouvrir la bouche pour happer des flocons de neige. »

Ida Grinspan et Bertrand Poirot-Delpech,
J'ai pas pleuré, p. 116-117 © Robert Laffont, 2002.

RÉDACTION

1. Corrigé rédigé

J'adore le sport, je suis passionné d'athlétisme. Je rêve secrètement de participer aux Jeux olympiques. Je suis allé en voyage en Grèce avec ma classe et j'ai vécu là-bas un événement imprévu que je n'oublierai jamais. Nous étions arrivés ce jour-là à Olympie pour visiter le stade antique. Beaucoup de policiers vérifiaient les sacs. Notre professeur de grec ne semblait pas très étonné. Très vite, nous comprîmes ce qui se préparait. Nous allions être témoins de l'allumage de la flamme olympique, à Olympie même, cette flamme qui allait faire le tour du monde avant d'arriver à Londres où elle brûlerait pendant toute la durée des Jeux.

J'étais littéralement pétrifié, submergé par une joie si forte que j'avais à la fois besoin de rire et de pleurer. J'étais ébahi et en même temps surpris d'être là ! Tout me fascinait, l'énorme loupe pour capter les rayons du soleil et allumer la flamme, les jeunes femmes en vêtement antique, la foule. Le ciel était bleu, l'air semblait plus léger. J'aurais voulu que le temps s'arrêtât. Et puis chacun se tut, il y eut un silence recueilli ; je voyais, à côté de moi, mes camarades retenir leur souffle, comme s'il s'agissait d'un rituel religieux. Nous sentions que nous vivions et partagions tous la même émotion, mélange d'excitation et de recueillement. Et enfin toutes les bouches en même temps jetèrent un énorme cri de joie quand l'étincelle jaillit dans un tonnerre d'applaudissements, que je ne suis pas près d'oublier.

3 Texte de Véronique Tadjo

QUESTIONS

1. Champ lexical de la misère : « fouilleurs de poubelles », « moignons crasseux », « hommes rampants », « taudis », « mangeurs de restes », « sans-logis », « sans-abri ».

2. a. Il s'agit d'une énumération (ou accumulation) avec une gradation, pour donner l'impression d'un grand nombre.

b. Les gens sont privés d'un bras (« moignons »), d'un œil (« borgnes ») ou de leurs jambes (« hommes rampants »).

3. Elle « n'enfante des jumeaux que pour les séparer » : les êtres humains, qui naissent pourtant semblables, n'ont pas tous le même sort. Puis elle « n'élève des buildings que pour vous écraser sous les tonnes de béton et d'asphalte fumant » : les villes, au lieu d'apporter le bien-être aux humains, les détruisent dans des conditions de vie inhumaines.

4. a. Il s'agit d'une métaphore.

b. Les « plaies » de la ville sont tous les êtres humains qu'elle malmène parce qu'ils n'y trouvent que souffrance et misère.

5. a. Il signifie « sale », « abject ».

b. Le monde décrit est un monde de misère physique et morale, de souffrance, un monde qui n'est ni beau ni propre. L'adjectif épithète « immonde » le qualifie bien.

6. Il s'agit d'un poème contemporain disposé en vers, sans rime ni mesure constante.

7. a. Le narrateur s'exprime à la 1re personne du singulier.

b. Les destinataires sont désignés par la 2e personne du pluriel.

8. a. Les verbes sont au présent.

b. Il s'agit du présent de narration.

9. a. Il s'agit de phrases interrogatives. On attend des réponses que nous n'avons pas ici.

b. Véronique Tadjo veut que le lecteur formule lui-même les réponses.

10. a. Cette expression prise au sens propre signifie qu'un feu s'est déclaré dans le lointain.

b. On peut considérer que l'être humain détruit toujours plus loin ce que la nature lui a donné de bon, rendant ainsi la terre incapable de l'accueillir.

11. a. Les reprises nominales de « vous » sont les « mangeurs de restes », les « sans-logis », les « sans-abri ».

b. Ces métaphores frappent l'esprit car elles sont violentes et sans concession.

c. Le terme « pauvres » ou « SDF » pourrait toutes les regrouper.

12. Véronique Tadjo s'adresse à nous, lecteurs. Elle veut nous faire réagir face à la misère que cache l'urbanisme en pleine expansion du monde moderne, que souvent nous faisons semblant d'ignorer pour ne pas chercher de solution.

RÉÉCRITURE

Je demandais quelle puissance les liait à cette terre frigide qui n'enfantait des jumeaux que pour les séparer, quel regard elles portaient sur l'horizon en feu.

DICTÉE

Cosette était maigre et blême. Elle avait près de huit ans, on lui en eût donné à peine six. Ses grands yeux enfoncés dans une sorte d'ombre étaient presque éteints à force d'avoir pleuré. [...] Comme elle grelottait toujours, elle avait pris l'habitude de serrer ses deux genoux l'un contre l'autre. Tout son vêtement n'était qu'un haillon qui eût fait pitié l'été et qui faisait horreur l'hiver. Elle n'avait sur elle que de la toile trouée ; pas un chiffon de laine. [...]

Ses jambes nues étaient rouges et grêles. Le creux de ses clavicules était à faire pleurer. Toute la personne de cette enfant, son allure, son attitude, le son de sa voix, ses intervalles entre un mot et l'autre, son regard, son silence, son moindre geste exprimaient et traduisaient une seule idée : la crainte.

Victor Hugo, *Les Misérables*, 1862.

RÉDACTION

1. Corrigé rédigé

Cher Manuel,

Je viens de lire ta lettre et je me trouve stupéfait. Entre ta vie et la mienne, il se trouve vraiment peu de points communs. Seule ta soif d'apprendre nous rapproche vraiment. Ton cadre de vie m'effraie : les buildings, le béton, rien de végétal, rien de naturel. Les arbres et les oiseaux semblent avoir déserté ton univers.

Je voudrais que tu voies où j'habite. Ce n'est pas une grande ville, pourtant nous ne manquons de rien. Mais surtout les maisons sont basses et nous permettent de voir le ciel et la lumière sans nous tordre le cou ! Quand je pars au collège, je traverse un parc fleuri. Chez moi, les pièces sont claires et spacieuses et nous avons chacun – j'ai trois frères – une chambre.

Si cela te paraît possible, j'aimerais que tu viennes chez moi en France au cours des prochaines vacances d'hiver. Je pourrais te montrer ma région. Nous ne sommes pas très loin d'une station de sports d'hiver. Nous ferions du ski, de la luge, du patin à glace. As-tu déjà vu la neige ? Tu partagerais ma vie, mes activités, mes passions. Je suis sûr que nous nous entendrions bien.

Ne te fais pas de souci pour le voyage. Mon père est pilote de ligne et peut facilement tout organiser. Il te faut seulement un passeport.

J'espère que ma proposition ne te paraîtra pas saugrenue ou effrayante.

J'attends ta réponse avec impatience et t'envoie un salut très amical.

XX

4 Texte d'Alain-Fournier

QUESTIONS

1. On apprend que Meaulnes se trouve sans l'avoir fait exprès dans le même bateau que Mlle de Galais.

2. a. Verbes dont le sujet est le jeune homme : « se retrouva », « s'accouda », « put » sont au passé simple.
Verbes dont le sujet est la jeune fille : « s'était assise » est au plus-que-parfait ; « regardait », « répondait », « souriait », « posait » sont à l'imparfait.

b. Le passé simple est utilisé pour une action achevée de premier plan, alors que l'imparfait indique l'action inachevée, qui se répète, de second plan. On comprend que Meaulnes est dans l'action, il conduit les événements, alors que la jeune fille donne l'impression de répéter ses gestes, de faire durer le moment et de prendre plaisir à être regardée par Meaulnes.

3. a. Il y a échange de regards.

b. L'adverbe « doucement » rend l'idée d'un geste calculé pour profiter de l'instant et séduire en même temps.

4. Verbe : émouvoir ; nom : émotion.

5. a. L'« émoi » de Meaulnes vient du souvenir de la proximité de son propre visage avec celui de Mlle de Galais.

b. Le déterminant exclamatif « quel » permet de renforcer la portée de cet émoi.

6. Il s'agit d'une comparaison.

7. Les mots du champ lexical du regard sont : « Il avait regardé », « de tous ses yeux », « larmes », « avoir vu ».

8. Il est plein d'admiration et séduit par la beauté de la jeune fille. Il lui dit : « Vous êtes belle ».

9. a. Les verbes sont au conditionnel.

b. Ce sont des hypothèses formulées par Meaulnes qui imagine, comme en plein rêve.

10. Tout s'arrange exactement comme il faut pour que les jeunes gens se retrouvent ensemble : « Meaulnes s'avança dans une allée, où, dix pas devant lui, marchait la jeune fille. Il se trouva près d'elle sans avoir le temps de réfléchir ».

11. a. Le texte commence par « sans savoir comment » et finit par « sans avoir le temps de réfléchir ».

b. Tout se passe comme si Meaulnes était le jouet du destin et que les événements, y compris ses propres actes, lui échappaient.

12. La rencontre amoureuse est soudaine et spontanée. Les deux personnages se laissent très rapidement submerger par leurs émotions et ne contrôlent plus le cours des événements. Tout se fait comme par magie, comme dans un rêve.

RÉÉCRITURE

Sans savoir comment, je me retrouvai dans le même yacht que les jeunes châtelaines. Je m'accoudai sur le pont, tenant d'une main mon chapeau battu par le grand vent, et je pus regarder à l'aise les jeunes filles, qui s'étaient assises à l'abri.

DICTÉE

Ils arrivaient en vue de l'embarcadère. Elle s'arrêta soudain et dit pensivement :

« Nous sommes deux enfants ; nous avons fait une folie. Il ne faut pas que nous montions cette fois dans le même bateau. Adieu, ne me suivez pas. »

Meaulnes resta un instant interdit, la regardant partir. Puis il se reprit à marcher. Et alors la jeune fille, dans le lointain, au moment de se perdre à nouveau dans la foule des invités, s'arrêta et, se tournant vers lui, pour la première fois le regarda longuement. Était-ce pour lui défendre de l'accompagner ? Ou peut-être avait-elle quelque chose encore à lui dire ?...

Alain-Fournier, *Le Grand Meaulnes*, 1913.

RÉDACTION

2. Pistes de réflexion pour un dialogue argumenté

- Interlocuteur 1 : Je ne crois pas au coup de foudre, cela n'existe que dans les films. En effet pour aimer quelqu'un vraiment, il faut le connaître, savoir qui il est, ce qu'il pense, comment il vit... ce qui exclut la soudaineté du coup de foudre. On peut avoir tout au plus de la sympathie au premier coup d'œil.
- Interlocuteur 2 : C'est une erreur, l'amour est un sentiment inexplicable : pourquoi deux êtres sont attirés l'un par l'autre, se sentent en harmonie alors que parfois ils ont eu des éducations très différentes, exercent des activités sans rapport entre elles... ?
- Interlocuteur 1 : C'est de toute façon, même si je t'en concède l'existence, une situation trop idéale sans rapport avec la réalité et surtout sans lendemain. Son nom est révélateur : « coup de foudre », c'est rapide, violent et éphémère.
- Interlocuteur 2 : Au contraire, un coup de foudre est une boule de feu qui laisse la trace de son passage. On peut donc être marqué pour toujours par ce moment magique et il faut tout faire pour le prolonger à l'infini.

Des livres à conseiller à votre enfant

INFOS PARENTS

- Quand on est parent, on se demande souvent ce que l'on pourrait proposer comme lecture à son enfant. L'idéal est de faire alterner lecture détente et lecture culture, et même, en 3e, de choisir quelques livres issus du programme de seconde.
- Les titres que nous avons choisis répondent à ces différents critères et guideront les indécis.

Lire pour le plaisir

1. Pour les amateurs d'*heroic fantasy*

Le Seigneur des anneaux de **J.R.R. Tolkien**. Traduction française, éd. Christian Bourgois, 1972-1973

En trois volumes (La Communauté de l'anneau, Les Deux Tours et Le retour du roi), une seule histoire : celle de la fin du Troisième Âge de la Terre du Milieu. Le Hobbit, Frodon Sacquet, hérite de l'Anneau Unique au pouvoir absolu, perdu par son créateur, Sauron, qui le recherche pour devenir le maître de la Terre du Milieu. Pour l'arrêter, Frodon doit détruire l'Anneau en le jetant dans la lave de la Crevasse du Destin où il a été forgé…

L'Autre de **Pierre Bottero**, 2006-2007

Dans cette trilogie qui réunit Le Souffle de la hyène, Le Maître des tempêtes et La Huitième Porte, l'Autre, incarnation du Mal Absolu, est l'ennemi que Natan, doué de pouvoirs surhumains, va chercher à vaincre après l'explosion de sa maison, au début du Souffle de la hyène, explosion dans laquelle il perd ses parents. Combats sans merci et courses poursuites effrénées entraînent tous les héros de ces romans dans la quête de la Paix, qui ne sera rétablie qu'au moment où l'Autre sera englouti par la « Pratum vorax »… Passionnant !

2. Pour les amateurs de romans policiers

Le signe de Dédale de **Florence Brémier**, Oskar, 2013

À Athènes au V e siècle avant J.-C., Marcidon, un maître potier, est enlevé et son atelier dévasté. Que veulent ses ravisseurs ? C'est le jeune Nikolidès, un orphelin dégourdi, très peu scolaire, qui mène l'enquête avec sa camarade de classe Graséis, pour retrouver les ravisseurs et Marcidon…

Lincoln Baker, agent spécial : Gare à ton double de **F.-T. Bradley**, Seuil Jeunesse, 2013 (traduit par Yves Sarda)

Linc, renvoyé de son collège pour avoir libéré les poulets d'un élevage pendant une sortie scolaire, doit accepter, s'il veut éviter à sa famille de payer une lourde amende pour sa bêtise, de remplacer pour le compte de la CIA un jeune espion, son pur sosie. Il doit retrouver une copie très spéciale et très convoitée de la Joconde… Ce petit James Bond gaffeur entraîne le lecteur dans un parcours époustouflant plein d'humour.

3. Pour les amateurs de romans historiques

Garin Trousseboeuf de **Evelyne Brisou Pellen**. 12 titres disponibles. Les deux derniers : *Les sorciers de la ville close* et *La tour de Londres*, Folio junior, 2013

Garin Troussebœuf est le dix-neuvième d'une famille de vingt-cinq enfants. Il a environ douze ans en 1354. Fouetté par son père, il a résolu de vivre sur les routes de France en tant que scribe itinérant, pendant la guerre de Cent Ans. Il gagne sa vie en vendant ses services. Il est surtout très curieux et se mêle de ce qui ne le regarde pas, toujours prêt à aider autrui et à faire triompher la justice. On tremble souvent pour lui mais son intelligence, sa débrouillardise et sa drôlerie sont ses imbattables atouts.

Lire pour la culture

1. Au programme de 3^e

Le Grand Meaulnes d'**Alain-Fournier**, 1913

Ce livre envoûtant par l'ambiance de mystère qui y règne, la force des sentiments, amitié et amour, est un grand classique incontournable.

Antigone de **Jean Anouilh**, 1944

Dans cette pièce de théâtre moderne, le mythe antique est repris : Antigone refuse la loi humaine arbitraire avec un entêtement qui la mène à la mort. Le texte est allégorique et sans difficulté. Le texte sans difficulté est allégorique et peut recevoir diverses interprétations qui lui permettent de garder une grande actualité.

Le Journal d'Anne Franck, 1947

Anne Franck, jeune juive allemande, écrit son journal de 1942 à 1944, alors qu'elle doit rester cachée avec sa famille à Amsterdam au cours de l'occupation des Pays Bas par l'Allemagne nazie...

Vipère au poing de **Hervé Bazin**, 1948

Comment grandir et se construire quand on est détesté par sa mère ? C'est ce que raconte l'auteur de ce roman avec beaucoup de réalisme et de lucidité.

Rhinocéros d'**Eugène Ionesco**, 1960

Cette pièce de théâtre symbolique semble relever du fantastique puisque tous les acteurs, atteints de rhinocérite, se transforment les uns après les autres en rhinocéros. Un seul résiste !

Le K de **Dino Buzzati**, 1967

Le K est le titre de la première nouvelle d'un recueil de cinquante nouvelles fantastiques. Humour et angoisse cohabitent pour montrer les défauts éternels de l'homme, ses excès et son incapacité à saisir le Bonheur qui est pourtant à portée de main.

Malevil de **Robert Merle**, 1972

À la suite d'une explosion nucléaire, qui a ravagé la Terre, sept hommes vont tenter de reconstruire la civilisation au château de Malevil. Un roman captivant aux rebondissements multiples.

Nouvelles du XXIe siècle, coll. Classiques & Cie Collège, Hatier 2011

Cette anthologie propose huit nouvelles contemporaines qui abordent les grands défis de notre époque de façon grave ou ironique comme la mondialisation, la pollution, les inégalités, les discriminations... Qu'elles soient réalistes ou empreintes de science fiction, toutes ces histoires évoquent des questions qui devront trouver des réponses dans les décennies à venir.

2. Pour préparer l'entrée en Seconde

Bel Ami de **Guy de Maupassant**, 1885

Le héros de ce récit, Georges Duroy, jeune provincial pauvre mais arriviste et séducteur, vient à Paris et parvient à s'élever socialement en utilisant ses conquêtes féminines et en se mêlant avec habileté au monde politico-financier et ses scandales.

La Nuit des temps de **René Barjavel**, Presses de la Cité, 1968

En Antarctique, des scientifiques français découvrent un homme et une femme casqués d'or ensevelis il y a 900 000 ans dans une sphère ovoïde en or. Ils sont en état de biostase. On va tenter de les réveiller pour en savoir plus... De la science fiction facile à lire.

Si c'est un homme de **Primo Lévi**, 1947 (en français en 1987)

C'est le récit de la vie de l'auteur déporté dans le camp d'Auschwitz, horreur et déshumanisation.

Pourquoi j'ai mangé mon père de **Roy Lewis**, 1960

Ce roman offre la vie imaginaire d'une famille préhistorique qui fait, entre autres, la découverte du feu : on peut ainsi cuire la viande avant de la manger ou durcir les pointes des armes mais on peut aussi mettre le feu et risquer d'être carbonisé !...

Stupeur et tremblements d'**Amélie Nothomb**, Albin Michel, 1999

Amélie va travailler comme interprète au Japon dans une importante société. Elle se trouve face à une hiérarchie pyramidale totalement rigide et va aller d'humiliation en humiliation jusqu'à devenir... « dame pipi » ! Le comique est grinçant.

Notes

Notes

ORTHOGRAPHE

26 Accorder un participe passé : règles générales

Quelles sont les règles de base pour l'accord du participe passé ?

- Un participe passé **utilisé seul** suit les règles d'accord d'un adjectif qualificatif.

  *Il faut chercher dans les **romans** publi**és** récemment.*

  Mais : *ci-joint, mis à part, y compris, non compris, attendu, vu, étant donné, ci-inclus,* placés devant un groupe nominal, restent invariables. *Ci-joint les papiers demandés.*

- Le participe passé d'un verbe conjugué **avec l'auxiliaire *être*** s'accorde avec le sujet.

  ***Les livres** sont class**és** par auteur, par thème et par date.*

- Le participe passé d'un verbe conjugué **avec l'auxiliaire *avoir*** est invariable.

  ***Les professeurs** ont donn**é** des devoirs très longs aux élèves.*

  Mais si le verbe a un COD placé à sa gauche (antéposé), le participe passé s'accorde avec ce COD : *Les devoirs* ***que*** *le professeur a donn**és** aux élèves sont très longs.*

1 Lis le texte et accorde les participes passés si nécessaire.

La visite du château terminé......, les touristes sont parti...... à regret. Ils ont jeté...... quelques regards en arrière, et ont emporté...... avec eux nombre de souvenirs qu'ils ont acheté...... sur place et surtout beaucoup de photos qu'ils ont fait...... . Les guides touristiques rangé...... dans les sacs n'ont plus rien à leur apprendre !

SCORE ..../ 7

COUP DE POUCE
Deux participes passés, utilisés avec *avoir*, s'accordent avec le COD placé à gauche.

2 Place les participes passés (p.p.) du texte de l'exercice 1 dans le tableau suivant.

p.p. = adjectif qualificatif	p.p. avec auxiliaire *être*	p.p. avec auxiliaire *avoir* (COD à droite)	p.p. avec auxiliaire *avoir* (COD à gauche)
....	....	....	....
....	....	....	....

SCORE ..../ 7

3 Mets les verbes entre parenthèses au passé composé.

1. La maison qu'il (réaliser) .... est la plus belle de la région. • **2.** Des diamants, ils en (trouver) .... beaucoup. • **3.** C'est la vente de leur champ qui les (enrichir) .... • **4.** Des hommes (venir) .... à la ferme de bonne heure.

SCORE ..../ 4

ATTENTION
N'oublie pas de faire les accords.

4 Ajoute l'expression *ci-joint* dans les phrases suivantes. Fais les accords éventuels.

1. Vous lirez les documents .... • **2.** .... des documents que vous voudrez bien lire. • **3.** Les feuilles .... devront être remplies.

SCORE ..../ 3

Corrigés p. 11

TOTAL ..../ 21

ORTHOGRAPHE

27 Accorder le participe passé d'un verbe pronominal

Comment accorder le participe passé d'un verbe pronominal ?

- Si le verbe pronominal n'est **pas suivi** (ni précédé) **d'un COD**, on analyse le pronom réfléchi :
  - le pronom est **COD**, le participe passé s'accorde avec lui ;

    *Elle s'est regard**ée** dans la glace. (= Elle a regardé **elle**.)*
    → *Se* est COD ; accord au féminin singulier.
  - le pronom est **COI**, le participe passé reste invariable ;

    *Ils **se** sont écrit. (= Ils ont écrit **l'un à l'autre**.)* → *Se* est COI ; pas d'accord.
  - le pronom ne peut pas être analysé ; le participe passé s'accorde avec le sujet.

    ***Clara** s'est évanouie.* → Accord avec le sujet.
- Si le verbe pronominal est employé **avec un COD autre que** le pronom réfléchi :
  - le participe passé **s'accorde** avec ce COD si celui-ci précède le verbe ;

    *Les photos **qu'**ils se sont envoy**ées** les amusent.*
    → Le participe passé s'accorde avec le COD *qu'* (= *les photos*) au féminin pluriel.
  - le participe passé **reste invariable** si le COD suit le verbe.

    *Elle s'est lavé **les mains**.* → Le participe passé reste invariable.

1 Complète le texte avec les participes passés des verbes entre parenthèses.

La moto et la voiture ont (faire) .... le tour de la place et se sont (arrêter) .... devant le café-épicerie de la Paulette Goudounèche. Les civils en imper et chapeau sont (sortir) .... de l'auto, et se sont (précipiter) .... vers le magasin. Tout à coup, la moto des Boches s'est (mettre) .... à ronfler, les deux types en imper sont (remonter) .... dans leur auto. Les Allemands partis, les gens du bourg se sont (retrouver) .... sur la place.

D'après D. et M. Jeury, *Le Printemps de Thomas* © Nathan, 2004.

SCORE ..../ 7

COUP DE POUCE
Il y a cinq verbes pronominaux.

2 Parmi ces verbes pronominaux, souligne les quatre dont le pronom *se* est COI.

se ressembler – s'écrouler – se regarder – se parler – se sourire – se déchaîner – se mentir

SCORE ..../ 4

COUP DE POUCE
Pour l'exercice 2, demande-toi si le verbe utilisé seul se construit avec un COI ou avec un COD On dit, par exemple, *ressembler à quelqu'un* (COI) mais *regarder quelqu'un* (COD).

3 Place dans les phrases suivantes ces participes passés, sans en changer l'orthographe : serré – serrée – serrés – serrées.

1. Elles se sont .... la main. • **2.** Ils se sont .... l'un contre l'autre. • **3.** Les mains qu'ils avaient .... étaient froides. • **4.** Elle s'est .... contre sa sœur.

SCORE ..../ 4

Corrigés p. 11

TOTAL ..../ 15

ORTHOGRAPHE

28 Orthographier même

Quand le mot même est-il variable?

- ***Même* est variable s'il est un déterminant indéfini.** Il est employé alors selon le cas :
  - entre un déterminant et un nom ; *Il dit la **même** chose.*
  - après un nom ou un pronom, qu'il renforce.
    *Ce sont ses paroles **mêmes**. Eux-**mêmes** n'y croient pas.*
- ***Même* est variable s'il est pronom indéfini :** il est alors employé seul et précédé d'un déterminant.
  *Ces livres ? Ce sont toujours **les mêmes**.*
- ***Même* est invariable s'il est un adverbe** avec le sens de *aussi, y compris.*
  ***Même** les lions avaient peur. Les tigres, les panthères **même** tremblaient.*

1 Lis le texte. Souligne *même* s'il est déterminant indéfini, encadre-le s'il est adverbe.

Le narrateur décrit les moines d'un couvent.

> Tous subissent la même tonsure, portent le même froc, mangent le même pain noir, dorment sur la même paille, meurent sur la même cendre. Le même sac sur le dos, la même corde autour des reins. Il peut y avoir là un prince, ce prince est la même ombre que les autres. Plus de titre. Les noms de famille même ont disparu. [...]

V. Hugo, *Les Misérables*, 1862.

SCORE ..../ 9

COUP DE POUCE Tu ne dois trouver qu'un seul adverbe.

2 Réécris la 1re phrase du texte en mettant les groupes nominaux au pluriel.

Tous subissent les ....

.... cendres.

SCORE ..../ 5

3 Complète avec *même* ou *mêmes* et indique entre parenthèses s'il s'agit d'un adverbe (adv.) **ou d'un déterminant indéfini** (dét.).

1. .... (...........) ses parents ne pouvaient y croire. • **2.** Ils ont programmé aujourd'hui les .... (...........) films qu'hier. • **3.** Monsieur, vous avez travaillé vous-.................. (...........) très tard, ce soir. • **4.** Elles n'osaient parler, ... (...........) doucement. • **5.** Ils ne pensent qu'à eux-.................. (...........).

SCORE ..../ 10

INFO Quand *même* complète un pronom personnel, il est déterminant indéfini et s'accorde avec le pronom (*moi-même, nous-mêmes...*).

4 Complète chaque phrase avec l'une des expressions suivantes : de même – à même – tout de même – ici même.

1. Il dort .... le sol. • **2.** Mon frère est né .... • **3.** Agissez toujours .... • **4.** Malgré ses difficultés, il a .... réussi.

SCORE ..../ 4

COUP DE POUCE Dans ces locutions adverbiales, *même* est-il variable ?

Corrigés p . 12

TOTAL ..../ 28

ORTHOGRAPHE

29 Orthographier tout

Quand faut-il accorder le mot tout ?

- Quand il accompagne un nom ou un GN, *tout* est un **déterminant indéfini** et **s'accorde** en genre et nombre avec le nom déterminé :

  ***tout** le monde, tous les gens, **toute** personne qui souhaiterait...*

- Quand il est employé seul, à la place d'un nom, *tout* est un **pronom indéfini**. Il peut s'écrire ***tout, tous* ou *toutes*** en fonction du sens.

  ***Tout** va bien.* → *Tout* désigne un ensemble et reste au singulier.

  ***Tous** et toutes sont là.* → *Tous* et *toutes* signifie ici *tous les hommes* et *toutes les femmes*.

- Quand il a le sens de « tout à fait » et qu'il se trouve devant un adjectif ou un verbe, *tout* est un **adverbe invariable**. *Ils sont **tout** contents de leur journée.*
  Attention, cependant, à ce **cas particulier** : quand ce *tout* adverbe est suivi d'un adjectif féminin commençant par une consonne ou un *h* aspiré, on facilite la prononciation en l'accordant avec l'adjectif. *les roses **toutes** blanches, l'herbe **toute** humide*

★ 1 Complète les phrases avec *tout* correctement orthographié. Justifie ton choix.

COUP DE POUCE Tu dois trouver un déterminant, un pronom et un adverbe.

1. .... les tests le prouvent. → ....
2. Les livres sont .... dans la bibliothèque. → ....
3. La voiture est .... abîmée. → ....

SCORE ..../ 6

★★ 2 Explique la différence de sens dans chacun des couples d'expressions suivants.

1. Ces livres sont tous neufs • Ces livres sont tout neufs.

.... • ....

2. Tous les invités sont repartis • Les invités sont tous repartis.

.... • ....

SCORE ..../ 4

★★ 3 Replace les mots suivants où il convient : tout, tous, toutes.

INFO *Tout à coup* est une locution adverbiale. Sont également invariables *à tout à l'heure, de toute façon* et en un seul mot *toutefois*.

Gilda rentra chez elle. C'était un grand immeuble. La force publique se déploya .... autour. [...] Cinq minutes étaient accordées à .... les locataires de la maison pour évacuer .... les appartements. .... les officiers durent reculer. À l'aube, le bombardement commença. Les grenades explosaient .... en l'air sans frapper la maison. Gilda dit : « Je veux un œuf pour ma fille ». On tira de dix camions des œufs de .... les dimensions. La fillette en choisit un .... petit, en carton. .... est bien qui finit bien.

D'après D. Buzzati, « L'Œuf », *Le K*, traduction de J. Remillet © Robert Laffont, 1967.

SCORE ..../ 7

Corrigés p . 12

TOTAL ..../ 17

ORTHOGRAPHE

30 Distinguer *qu'elle* et *quel*

Comment savoir s'il faut écrire *qu'elle* ou *quel* ?

- ***Qu'elle*** (ou *qu'elles*) **est l'association de *que* élidé** et du **pronom personnel féminin de 3e personne *elle*** (ou *elles*) :
  - si *qu'elle(s)* est suivi d'un verbe, on peut lui substituer *que je, que tu, qu'il...*
    Il faut ***qu'elle*** *vienne.* → *Il faut qu'il vienne.*
  - si *qu'elle(s)* n'est pas suivi d'un verbe, on peut lui substituer *que lui, que moi...*
    Tu es plus grand ***qu'elle****.* → *Tu es plus grand que lui.*
- ***Quel*** **est un déterminant.** Selon le cas, il est :
  - suivi d'un nom avec lequel il s'accorde ;
    Quelle *heure est-il ?* → *Quelle* est un déterminant interrogatif.
    Quelle *chance !* → *Quelle* est un déterminant exclamatif.
  - en position d'attribut du sujet.
    Quelles *sont les nouvelles ?*

1 Lis le texte et complète-le avec *qu'elle* ou *quel(le)*.

Avdotia ouvrit les yeux, s'appuya sur son coude, et se mit à écouter. La chanson .... entendait retentissait, sonore et fière, dans l'air froid de la nuit.

Akim aussi souleva la tête.

« Qui est-ce qui chante ? .... est cette voix ? demanda-t-il.

– Je ne sais pas, répondit sa femme.

– Il chante bien, reprit-il après un court silence. .... voix forte ! » Puis il se rendormit.

D'après I. S. Tourgueniev, *L'Auberge de grand chemin*, 1852, trad. L. Viardot.

SCORE ..../ 3

COUP DE POUCE
Quand tu hésites, tente des substitutions avec *qu'il, que lui...*

2 Choisis la bonne orthographe.

1. quel ou quelle ? Je te demande qu.............. est la bonne direction.
2. qu'elle ou qu'elles ? Il faut qu.............. vienne me voir.
3. quelle ou qu'elle ? On dit qu.............. est une femme d'esprit.
4. quelle ou qu'elle ? Qu.............. qu.............. soit, cette punition est méritée.

SCORE ..../ 5

ATTENTION
Dans la phrase 4, tu dois utiliser à la fois *quelle* et *qu'elle*.

3 Complète le texte avec les mots de la liste suivante :

quel – quelle – quelles – qu'elle – qu'elles.

Alors .... venaient de s'asseoir face à face dans le bus, ... ne fut pas leur surprise de découvrir leur erreur ! .... diable s'était ainsi joué d'elles ? L'une répétait .... était confuse, l'autre se demandait .... explications elle pouvait donner.

SCORE ..../ 5

Corrigés p. 12

TOTAL ..../ 13

ORTHOGRAPHE

31 Distinguer *quel que* et *quelque*

Comment savoir s'il faut écrire *quel que* ou *quelque* ?

- ***Quel que***, locution en deux mots, **introduit une proposition subordonnée d'opposition** (voir l'unité 13) au subjonctif ; *quel* s'accorde en genre et en nombre avec le sujet du verbe au subjonctif.

  ***Quelle que** soit la saison, nous apprécions le lieu.*
  → *Quelle* s'accorde avec *saison* (féminin singulier), sujet du verbe au subjonctif *soit*.

- *Quelque*, écrit en un seul mot, peut être :
  - un **déterminant indéfini variable** ;

    Elle rêve à quelque beau voyage. → Au singulier, *quelque* a le sens de l'article « un ».
    *Il achète **quelques** fleurs.* → Au pluriel, *quelques* a le sens de « plusieurs ».
  - un **adverbe invariable**.

    *Il a travaillé **quelque** vingt jours.* → *Quelque*, adverbe, a le sens d'« environ ».

★ 1 Complète avec *quelque* ou *quelques*.

Léon, installé dans une chambre d'hôtel avec sa maîtresse, aperçoit en pleine nuit, sous la porte qui le sépare de la chambre voisine, quelque chose d'inquiétant.

Tout à coup parut .... chose de noirâtre, plat. Était-ce .... mille pattes ? [...] À force de se dire « Qu'allais-je faire dans cette galère ? », Léon finit par apercevoir .... rayons d'espérance.

D'après P. Mérimée, *La Chambre bleue*, 1872.

SCORE .... / 3

★ 2 Coche la bonne orthographe.

1. ❏ Quel que ❏ Quelle que soit la température, je me baigne.
2. Mes recherches donnent ❏ quelque ❏ quelques bons résultats.
3. ❏ Quelque ❏ Quel que soit le temps, tu fais du vélo.

SCORE .... / 3

★ 3 Complète la phrase avec les mots de la liste suivante :

qu'elles – quelle – quelque – quelques.

.... que soit leur fatigue, les .... jeunes filles finalistes de la compétition acceptèrent, pour saluer le public venu les acclamer, de parcourir à pied les .... cinq cents mètres .... auraient dû faire en voiture.

SCORE .... / 4

★ 4 Complète les phrases avec *quelque* ou *quel que*. Fais les accords nécessaires.

1. Les .... dix livres restants sont à vendre. • **2.** .... soit ta décision, sois prudent ! • **3.** Il faut que je lise encore ces .... cent pages. • **4.** .... soient ses raisons, il devra s'expliquer.

SCORE .... / 4

COUP DE POUCE
Dans une phrase seulement, *quelque* a le sens d'*environ* et reste invariable.

COUP DE POUCE
Dans l'exercice 4, commence par déterminer la class grammaticale du mot que tu dois écrire, puis songe aux accords.

Corrigés p . 13

TOTAL .... / 1

32 Indiquer les sens d'un mot

Qu'est-ce que le champ sémantique d'un mot ?

- La plupart des mots sont **polysémiques** (c'est-à-dire qu'ils peuvent avoir plusieurs sens). Le champ sémantique est l'**ensemble des sens d'un mot.**

  Champ sémantique du nom *loup* : *un loup* = animal mammifère ou poisson vorace ; *un vieux loup de mer* = vieux marin ; *un loup de velours* = masque...

1 Lis cet article du dictionnaire puis définis le champ sémantique du nom féminin *livre*.

> **Livre** : n. f. - Xe *livra* ; lat. *libra* 1° *Anciennt.* Unité de masse, qui variait, selon les provinces entre 380 et 550 grammes. *La livre se divisait en onces. - Mod.* Un demi-kilogramme ou cinq cents grammes. *Acheter une livre de fraises* [...] 2° Ancienne monnaie de compte, représentant à l'origine un poids d'une livre d'argent, et moins de cinq grammes à l'établissement du système métrique (1801) [...] *La livre tournois valait vingt sous.* 3° *Mod.* Unité monétaire du Royaume-Uni. *La livre vaut cent pence.*

Le Petit Robert © Dictionnaire Le Robert – SEJER, 2014.

....

....

SCORE ..../ 3

COUP DE POUCE
Tu dois trouver trois sens.

Qu'est-ce que la dénotation d'un mot ? et la connotation ?

- On appelle **dénotation**, ou sens dénoté, le **sens du mot consigné** dans le dictionnaire.

  Vison a pour sens dénoté « mammifère du genre putois ».

- On appelle **connotation**, ou sens connoté, la **valeur particulière dont peut se charger un mot en fonction du contexte** dans lequel il est utilisé.

  Cette femme portait un manteau de vison.
  → L'idée de richesse est suggérée : le mot *vison* connote ici la richesse.

  La connotation s'ajoute à la dénotation ; elle est **subjective** et correspond à toutes les impressions et images que peut suggérer un mot dans un contexte particulier. Ainsi le mot *vison* peut aussi connoter la douceur ou la chaleur.

2 Relie chaque mot à sa connotation.

pôle Nord •	• liberté
vacances •	• richesse
diamant •	• froid

SCORE ..../ 3

INFO
C'est surtout par rapport au contexte dans lequel le mot est utilisé que la connotation prend toute sa force.

3 Dans chaque série, raye le mot qui est connoté négativement.

1. une maison – un palais – une baraque – une demeure – un chalet – un château
2. un cheval – une rosse – un pur-sang – un étalon – une jument – un coursier
3. un homme – un personnage – une personne – un individu – un type

SCORE ..../ 3

Corrigés p. 13

TOTAL ..../ 9

33 Synonyme, antonyme, homonyme et paronyme

Comment définir des synonymes ? et des antonymes ?

- Des **synonymes** sont des mots de **sens voisins** et de même classe grammaticale : *peur* et *frayeur* sont deux noms synonymes.
- Des **antonymes** sont des mots de **sens contraires** et de même classe grammaticale : *grand* et *petit* sont deux adjectifs antonymes.

★ 1 Complète les phrases avec un synonyme du mot entre parenthèses.

1. Il a pu être très (vexé) .... par leurs paroles trop directes.
2. Mon voisin est terriblement (bavard) .... !
3. Marc dissimule son caractère (farceur) .... sous un air sévère.

SCORE ..../ 3

COUP DE POUCE Tu peux choisir tes réponses parmi les mots de la liste suivante : *espiègle – froissé – prolixe*.

★★ 2 Complète le tableau suivant.

	Synonyme	Antonyme
succès	....	....
tristesse	....	....

SCORE ..../ 4

Comment définir des homonymes ? et des paronymes ?

- Des **homonymes** sont des mots qui **se prononcent de la même façon** mais qui possèdent des sens différents : *vert* et *verre* sont des homonymes.
- Des **paronymes** sont des mots **proches par la prononciation ou l'orthographe** mais de sens différents : *affluence* et *influence* sont des paronymes.

★ 3 Complète les phrases avec des homonymes des mots suivants : chêne – mite – air.

1. Nous nous arrêtons sur une .... de service de l'autoroute. • **2.** Les .... de la religion grecque sont captivants. • **3.** Les galériens portaient de lourdes ....

SCORE ..../ 3

ATTENTION L'orthographe va changer avec le sens du mot.

★★ 4 Choisis parmi les paronymes celui qui convient pour compléter chaque phrase.

1. irruption ou éruption ? Tu as fait une brutale .... dans la salle. – Le Vésuve est entré en .... en 79 après J.-C. • **2.** incident ou accident ? Un grave .... a eu lieu sur l'autoroute. – Tout cela peut se résumer en un .... diplomatique sans conséquence grave.

SCORE ..../ 4

Corrigés p. 13

TOTAL ..../ 1

34 Les figures de style

Quelles sont les principales figures de style ?

Les figures de style modifient le langage ordinaire pour le rendre plus expressif.

- Les **figures de ressemblance** établissent une relation d'analogie entre deux éléments. On distingue :
  - la **comparaison** ; *La musique souvent me prend comme une mer !* (Baudelaire) → Mise en relation à l'aide d'un outil de comparaison (*comme*).
  - la **métaphore** ; *Bergère ô tour Eiffel* (Apollinaire) → Mise en relation implicite.
  - la **personnification**. *L'arbre se tord.* → L'arbre a un comportement humain.
- Les **figures de substitution** désignent un élément sous une autre dénomination que celle attendue. Par exemple, dans la **périphrase** : *La messagère du printemps*, on remplace un terme – l'hirondelle – par une expression de même sens).
- Les **figures d'insistance** mettent en valeur un élément. C'est le cas de l'**anaphore** : *Demain, nous partirons à l'aube, / Demain, nous prendrons les chemins...* ou de l'**énumération**.
- Les **figures d'opposition** mettent en valeur un contraste. C'est le cas de l'**antithèse** : *L'avarice perd tout en voulant tout gagner* ou de l'**oxymore** : *une obscure clarté*.

1 Lis le poème, puis réponds aux questions.

Mignonne, allons voir si la rose
Qui ce matin avait déclose
Sa robe de pourpre au soleil
A point perdu cette vesprée
Les plis de sa robe pourprée
Et son teint au vôtre pareil.

Las ! voyez comme en peu d'espace
Mignonne, elle a dessus la place
Las, las ses beautés laissé choir !
Ô vraiment marâtre Nature,
Puisqu'une telle fleur ne dure
Que du matin jusques au soir ! [...]

P. de Ronsard, *Odes*, 1550-1556.

1. Encadre tous les mots qui personnifient la rose.
2. « Et son teint au vôtre pareil » : de quelle figure de style s'agit-il ? ……………………
3. Relève une métaphore. ……………………
4. Que désigne-t-elle ? ……………………
5. Souligne les deux vers qui commencent de la même façon. À ton avis, pourquoi le poète a-t-il fait ce choix ? ……………………

……………………

SCORE ……… / 9

INFO
Tous les procédés utilisés par le poète visent à rapprocher la rose et la jeune fille, de façon à aboutir à l'identification de la jeune fille à la rose. La jeune fille doit comprendre que la vie lui réserve un sort identique à celui que subit la rose.

2 Relie chaque mot à la périphrase qui lui correspond.

le poète •	• la Venise du Nord
Napoléon •	• le prince des nuées
Amsterdam •	• le petit serpent ailé
le moustique •	• le Petit Caporal

SCORE ……… / 4

INFO
Quand on remplace un nom propre par une périphrase, les mots qui la composent ont une majuscule.

Corrigés p . 14

TOTAL ……… / 13

35 Les marques de modalisation

Qu'appelle-t-on la modalisation ?

- Dans ses énoncés, un locuteur révèle le plus souvent son point de vue, c'est-à-dire ses opinions, ses sentiments, ses sensations. L'énoncé contient des **traces de sa subjectivité** : c'est ce qu'on appelle la modalisation.
- Une modalisation permet de traduire :
  - soit une **certitude, plus ou moins forte** ;
  - soit une **évaluation**, c'est-à-dire un jugement positif ou négatif.
- La modalisation est particulièrement sensible dans un texte argumentatif, mais elle est aussi présente dans les autres types de texte. Seuls les énoncés purement informatifs ne contiennent pas de modalisation.

★★ 1

1. Coche les énoncés modalisés.

❑ **a.** Le film *Capitaine Blood* a été réalisé par Michael Curtiz.
❑ **b.** Il est sorti aux États-Unis en 1955.
❑ **c.** C'est indiscutablement l'une des grandes dates du film d'aventures hollywoodien.
❑ **d.** Parmi les acteurs figurent Errol Flynn et Olivia de Havilland.
❑ **e.** Ce film est marqué par la rencontre de Flynn et d'Olivia de Havilland qui formeront un couple exceptionnel.
❑ **f.** Les studios de la Warner semblent découvrir avec *Capitaine Blood* la magie du cinéma d'aventures.
❑ **g.** Le travail de M. Curtiz est celui d'un vieux routier et d'un grand professionnel.

SCORE ..../ 4

COUP DE POUCE
Quatre des phrases contiennent une marque de modalisation.

2. Relève les mots exprimant un point de vue positif.

....

....

....

....

....

SCORE ..../ 5

COUP DE POUCE
Tu peux relever cin mots ou expression qui traduisent un jugement positif sur le film ou son réalisateur.

★ 2

Souligne dans le texte les modalisateurs.

> Comme j'eus peur ! Puis voilà que tout à coup je commençai à m'apercevoir dans une brume, au fond du miroir, dans une brume comme à travers une nappe d'eau ; et il me semblait que cette eau glissait de gauche à droite, lentement, rendant plus précise mon image de seconde en seconde. C'était comme la fin d'une éclipse. Ce qui me cachait ne paraissait point posséder de contours nettement arrêtés, mais une sorte de transparence opaque s'éclaircissant peu à peu.
> Je pus enfin me distinguer complètement.

G. de Maupassant, *Le Horla*, 1887.

SCORE ..../ 5

Quels sont les différents procédés de modalisation ?

- Le **vocabulaire** offre de nombreuses possibilités de modalisation.
  On peut ainsi recourir :
  • à des noms et des adjectifs mélioratifs (exprimant un point de vue positif) ou péjoratifs (exprimant un point de vue négatif) ;
  • à des verbes de sentiment (*aimer, préférer, regretter, détester...*) ou d'opinion (*supposer, affirmer, penser...*) ;
  • à des adverbes exprimant un sentiment (*hélas !, heureusement...*) ou une opinion (*peut-être, évidemment, bien sûr...*).
- Il y a aussi des **procédés grammaticaux**. Il est ainsi possible d'employer par exemple :
  • le conditionnel pour exprimer l'incertitude ;
  • certains types de phrases, telle la phrase exclamative.
- Parmi les **figures de style**, on peut citer plus particulièrement la comparaison et la métaphore, qui traduisent une vision subjective, mais aussi l'hyperbole ou l'antiphrase.

3 **Réécris ces phrases de manière neutre.**

1. Mon frère aurait perdu ses papiers dans le métro. ....
2. Cet exercice est bien évidemment utile. ....
3. Il paraît que la pluie va cesser prochainement. ....
4. D'après moi, il ne pleuvra pas aujourd'hui. ....
5. Il se pourrait que les épreuves soient difficiles. ....

SCORE .... / 5

COUP DE POUCE
Tu dois en particulier supprimer les adverbes d'opinion et l'utilisation du conditionnel pour les verbes.

4 **Réécris le texte en supprimant toutes les marques de subjectivité.**

> Or, ayant dormi environ quarante minutes, je rouvris les yeux sans faire un mouvement, réveillé par je ne sais quelle émotion confuse et bizarre. Je ne vis rien d'abord, puis tout à coup, il me sembla qu'une page du livre resté ouvert sur ma table venait de tourner toute seule. Aucun souffle d'air n'était entré par ma fenêtre. Je fus surpris et j'attendis. Au bout de quarante minutes environ, je vis, je vis, oui, je vis de mes yeux une autre page se soulever et se rabattre sur la précédente, comme si un doigt l'eût feuilletée. Mon fauteuil était vide, semblait vide ; mais je compris qu'il était là, lui, assis à ma place, et qu'il lisait.
>
> G. de Maupassant, *Le Horla*, 1887.

....

....

....

....

....

....

....

SCORE .... / 9

Corrigés p. 14

TOTAL .... / 28

LECTURE ET EXPRESSION ÉCRITE

36 Statut du narrateur et point de vue

Qui est le narrateur ?

- Le narrateur est la personne qui **raconte** l'histoire.
Il ne faut pas le confondre avec l'auteur, la personne réelle qui a écrit le texte.

- Le narrateur peut mener le récit :
  • à la **3e personne** (on parle de narrateur **externe**) : il est extérieur à l'histoire ; toutefois, il peut intervenir par de brèves remarques ou des procédés de modalisation (voir l'unité 42) ;
  • à la **1re personne** (on parle de narrateur **interne**) : il est un personnage de l'histoire. Dans une autobiographie, le *je* représente à la fois le narrateur, le personnage et l'auteur.

★★ 1 Narrateur externe ou narrateur interne ?

COUP DE POUCE
Observe bien à quelle personne se fait le récit.

> Les polissons de la ville étaient devenus mes plus chers amis [...]. Je leur ressemblais en tout ; je parlais leur langage ; j'avais leur façon et leur allure [...]. J'avais le visage barbouillé, égratigné, meurtri, les mains noires. Ma figure était si étrange, que ma mère, au milieu de sa colère, ne se pouvait empêcher de s'écrier : « Qu'il est laid ! »

F.-R. de Chateaubriand, *Mémoires d'outre-tombe*, 1848.

....

> Le lendemain, à sept heures et demie, Denise était devant le Bonheur des Dames. [...] Mais, avec ses habitudes matinales, elle s'était trop pressée de descendre : les commis arrivaient à peine ; et, craignant d'être ridicule, prise de timidité, elle resta à piétiner un instant sur la place Gaillon.

É. Zola, *Au bonheur des dames*, 1883.

....

SCORE ..../ 2

Qu'appelle-t-on le point de vue dans un récit ?

La perspective selon laquelle une histoire est racontée, c'est-à-dire le point de vue adopté par le narrateur, peut donner des éclairages très différents sur cette histoire.

- Le point de vue est **externe** quand le narrateur est à l'extérieur de l'histoire – comme un spectateur – et ne raconte que ce qu'il voit et entend.
Il en sait moins que les personnages.

- Le point de vue est **interne** quand le narrateur est à la place d'un des personnages, et ne connaît que les sentiments et les intentions de ce personnage.

- Le point de vue est **omniscient** quand le narrateur possède plus d'informations que les personnages : il peut alors connaître les sentiments et les intentions de plusieurs personnages.

- Il est cependant fréquent que les textes narratifs présentent des **variations de point de vue** au fil du récit.

2 **Définis le point de vue de cet extrait, et dis quel est l'effet produit.**

Concarneau est désert. L'horloge lumineuse de la vieille ville, qu'on aperçoit au-dessus des remparts, marque onze heures moins cinq.

C'est le plein de la marée et une tempête du sud-ouest fait s'entrechoquer les barques dans le port. Le vent s'engouffre dans les rues, où l'on voit parfois des bouts de papier filer à toute allure au ras du sol.

G. Simenon, *Le Chien jaune* © 1931 Georges Simenon Limited, une société du groupe Chorion.

....

....

SCORE ..../ 2

3 **Dis selon quels points de vue est raconté le texte suivant et justifie ta réponse.**

L'homme était parti de Marchiennes vers deux heures. Il marchait d'un pas allongé, grelottant sous le coton aminci de sa veste et de son pantalon de velours. Un petit paquet, noué dans un mouchoir à carreaux, le gênait beaucoup ; et il le serrait contre ses flancs, tantôt d'un coude, tantôt de l'autre, pour glisser au fond de ses poches les deux mains à la fois, des mains gourdes que les lanières du vent d'est faisaient saigner. Une seule idée occupait sa tête vide d'ouvrier sans travail et sans gîte, l'espoir que le froid serait moins vif après le lever du jour. Depuis une heure, il avançait ainsi, lorsque sur la gauche, à deux kilomètres de Montsou, il aperçut des feux rouges, trois brasiers brûlant au plein air, et comme suspendus.

É. Zola, *Germinal*, 1885.

....

....

SCORE ..../ 4

4 **Définis le point de vue de cet extrait et justifie ta réponse.**

Afin de soutirer à une comtesse le secret de la combinaison de cartes qui lui permet de gagner à tous les coups au jeu, Hermann a séduit sa demoiselle de compagnie, Lisabeta.

Hermann s'assit auprès de la fenêtre, et lui raconta tout. Elle l'écouta avec épouvante. [...] Pauvre enfant ! elle avait été l'instrument aveugle d'un voleur, du meurtrier de sa vieille bienfaitrice. Elle pleurait amèrement dans l'agonie de son repentir. Hermann la regardait en silence ; mais ni les larmes de l'infortunée, ni sa beauté rendue plus touchante par la douleur ne pouvaient ébranler cette âme de fer. [...] Ils demeurèrent longtemps sans se parler, sans se regarder. Le jour venait, Lisabeta éteignit la chandelle. Elle essuya ses yeux noyés de pleurs et les leva sur Hermann. Il était toujours près de la fenêtre.

A. S. Pouchkine, *La Dame de pique*, 1833, trad. P. Mérimée.

....

....

SCORE ..../ 2

INFO

Les trois exercices de cette page illustrent trois points de vue différents.

ATTENTION

Dans cet extrait, le point de vue n'est pas le même du début à la fin, même si le texte reste à la 3e personne.

Corrigés p. 15

TOTAL ..../ 10

37 Discours direct et discours indirect

Quelles sont les marques des discours direct et indirect ?

- Le **discours direct** restitue les paroles telles qu'elles ont été formulées.
Il est repérable par la **ponctuation** (deux-points, guillemets, tirets).
Un **verbe introducteur** de paroles est placé avant ou après les paroles rapportées, ou en incise (à l'intérieur de celles-ci).

  *« Je viens vous voir, **dit-il**, parce que j'ai besoin de vous. »*
  → Le verbe de parole est placé en incise (*dit-il*).

- Le **discours indirect** évite de couper le fil du récit en transformant les paroles en une proposition **subordonnée complétive** dépendant d'un verbe introducteur.

  Il disait qu'*il venait les voir parce qu'il avait besoin d'eux.*
  → Le verbe introducteur (*il disait*) joue le rôle de proposition principale.
  Dans la subordonnée, *je* est devenu *il*, *vous* est devenu *eux*.

- Quand tu passes du discours direct au discours indirect, pense à appliquer la **concordance des temps**. (Voir l'unité 22.)

★ 1 Indique pour chaque phrase si les paroles sont rapportées au discours direct ou indirect.

1. Le boulanger lui a demandé ce qu'il voulait. → ....

2. « Tu dors ? demande Marc.
– Non, je fais semblant », répond Éric, les yeux fermés. → ....

3. Il dit en regardant autour de lui qu'il reviendrait vite. → ....

SCORE ..../ 3

★★ 2 Réécris les phrases suivantes en utilisant le discours indirect.

COUP DE POUCE
Pense aux changements de personnes et à la concordance des temps quand le verbe introducte est au passé.

1. « Quand pourras-tu venir me chercher ? »
→ Elle lui demande ....
....

2. « Tu n'as rien fait depuis la semaine dernière. »
→ Il lui disait ....
....

3. « Dans une semaine, je déménage. »
→ Il annonçait ....

4. « Je suis arrivée hier et demain je retournerai chez moi. »
→ Elle disait ....

5. « Sarah, peux-tu apporter ton ordinateur portable ? »
→ Il demandait ....

SCORE ..../ 5

Qu'appelle-t-on le discours indirect libre ? et le discours narrativisé ?

- Le **discours indirect libre** permet de rapporter des paroles **sans verbe introducteur ni proposition subordonnée**. Les verbes sont au temps et à la personne du discours indirect.

  L'agent les menaçait. Des garnements comme ça, il allait bien les punir !
  → La 2e phrase représente les paroles de l'agent, rapportées au discours indirect libre.

- **Le récit de paroles (ou discours narrativisé) :**
  - résume les paroles de quelqu'un à l'intérieur d'une narration ;

    Il m'a interrogé sur mes parents. → On connaît le sujet de la conversation mais on ne sait pas précisément quels mots ont été utilisés.
  - signale simplement que des propos ont été tenus.

    L'homme a fait une longue déclaration avant de sortir. → On ne sait pas de quoi il a parlé.

3 **Souligne les passages au discours indirect libre et délimite par des crochets le récit de paroles.**

L'agent marmonnait. Il allait appeler leurs parents. Ils finiraient par comprendre ! Lui, ne pouvait plus tolérer leurs sempiternelles bêtises. Il déversa sur eux encore mille reproches et menaces. Il s'arrêta enfin à l'arrivée de son collègue.

SCORE ..../ 4

4 **Réécris les deux phrases en italique en utilisant le discours indirect libre.**

> Marie est venue me chercher et m'a demandé si je voulais me marier avec elle. *J'ai dit que cela m'était égal et que nous pourrions le faire si elle le voulait.* Elle a voulu savoir alors si je l'aimais. J'ai répondu que cela ne signifiait rien mais que sans doute je ne l'aimais pas. « Pourquoi m'épouser alors ? » a-t-elle dit. *Je lui ai expliqué que cela n'avait aucune importance et que si elle le désirait, nous pouvions nous marier.* Elle a observé alors que le mariage était une chose grave. J'ai répondu : « Non. »

A. Camus, *L'Étranger* © Gallimard, 1942.

1. ....

....

2. ....

....

SCORE ..../ 2

INFO
Quand on rapporte un dialogue, il est difficile d'utiliser le discours indirect libre, car on risque de ne plus savoir à qui revient chaque phrase.

5 **Réécris le dialogue en utilisant le récit de paroles et en imaginant que Mischa s'adresse à un de ses amis.**

> – Comment tu t'appelles ? m'a demandé le type de l'immigration.
> – Mischa Milgrom.
> – Mischa ? C'est quoi, ça ? Tu t'appelleras Jack.

J. Spinelli, *Même pas juif !*, trad. L. Rigoureau © Hachette jeunesse, 2005.

Le type de l'immigration m'a demandé ....

....

....

SCORE ..../ 4

COUP DE POUCE
Puisque Mischa s'adresse à un ami, il n'a pas besoin de dire son nom.

Corrigés p . 15

TOTAL ..../ 18

38 Les connecteurs

Qu'est-ce qu'un connecteur ?

- Les connecteurs sont des **mots-outils** qui permettent de mettre en évidence l'organisation d'un texte, sa progression.
- **Les connecteurs spatiaux** permettent de se repérer dans l'espace évoqué par le texte : *ici, là, devant, à gauche, en dessous...* Ils sont utilisés surtout dans les textes descriptifs.
- **Les connecteurs temporels** mettent en place une chronologie : *d'abord, ensuite, enfin, aujourd'hui, demain, la veille, un mois plus tard...*

★ 1 Souligne les connecteurs spatiaux et encadre les connecteurs temporels.

Le sentier, d'abord, montait entre des terrains vallonnés comme la pelouse d'un parc, puis arrivait sur un plateau où alternaient des pâturages et des champs en labour. Çà et là, un grand arbre mort faisait sur l'air bleu des zigzags avec ses branches.
Presque toujours on se reposait dans un pré, ayant Deauville à gauche, Le Havre à droite et en face la pleine mer.

G. Flaubert, « Un cœur simple », in *Trois contes*, 1877.

SCORE .... / 6

Qu'est-ce qui caractérise les connecteurs logiques ?

- **Les connecteurs logiques** permettent la mise en relation de deux idées, de deux faits, et précisent le lien logique existant entre eux : cause, conséquence, opposition...

Relations logiques	Conjonctions de coordination	Adverbes ou locutions	Conjonctions de subordination
Cause	*car*	*en effet...*	*parce que, puisque, comme...*
Conséquence	*donc*	*ainsi, c'est pourquoi, en conclusion...*	*si bien que, de sorte que, si... que, tant... que, tellement... que, sans que...*
Opposition	*mais, or*	*pourtant, cependant, néanmoins, au contraire...*	*quoique, bien que, même si, tandis que...*
Addition	*et*	*en outre, de plus...*	*ainsi que, de même que...*
Reformulation	*ou*	*c'est-à-dire, en un mot...*	

★★ 2 En changeant le connecteur, transforme la relation de cause en relation de conséquence, sans changer le sens de la phrase.

COUP DE POUCE Tu peux utiliser une conjonction de coordination ou de subordination.

1. Certains États s'inquiètent parce que la couche d'ozone diminue.

→ ....

2. Tu es venu de bon matin car tu redoutes la chaleur.

→ ....

SCORE .... / 2

3 **Lis le texte et inscris tous les connecteurs dans le tableau ci-dessous.**

La proportion d'imbéciles et de malfaisants est une constante qu'on trouve dans tous les échantillons de population. [...] Car ce n'est pas seulement l'intérêt qui fait s'entretuer les hommes. C'est aussi le dogmatisme.
En effet, rien n'est aussi dangereux que la certitude d'avoir raison. Rien ne cause autant de destruction que l'obsession d'une vérité considérée comme absolue. Ainsi tous les crimes de l'histoire sont des conséquences de quelque fanatisme. [...] Or cette froideur et cette objectivité qu'on reproche aux scientifiques, peut-être conviennent-elles mieux que la fièvre et la subjectivité pour traiter certaines affaires humaines. Car ce ne sont pas les idées de la science qui engendrent les passions, mais ce sont les passions qui utilisent la science pour soutenir leur cause. [...] On peut reprocher à certains scientifiques la fougue qu'ils apportent parfois à défendre leurs idées. Mais aucun génocide n'a encore été perpétré pour faire triompher une théorie scientifique.

D'après F. Jacob, *Le Jeu des possibles* © Librairie Arthème Fayard, 1981.

Relation logique	Connecteur logique
Cause	....
Conséquence	....
Opposition	....
Addition	....

SCORE .... / 7

INFO
En général, les connecteurs logiques sont placés en début de phrase ou de proposition.

4 **Les liens logiques sont implicites dans le texte suivant. Ajoute des connecteurs de manière à les mettre en évidence.**

Ce bon geôlier [...], c'est la prison incarnée [...]. Tout est prison autour de moi ; ...., je retrouve la prison sous toutes les formes, sous la forme humaine comme sous la forme de grille ou de verrou. Ce mur ...., c'est de la prison en pierre ; cette porte ...., de la prison en bois ; ces guichetiers ...., c'est de la prison en chair et en os. La prison est une espèce d'être horrible, complet, indivisible, moitié maison, moitié homme. .... je suis sa proie, elle me couve, elle m'enlace de tous ses replis. .... elle m'enferme dans ses murailles de granit, me cadenasse sous ses serrures de fer, ... me surveille avec ses yeux de geôlier.

D'après V. Hugo, *Le Dernier Jour d'un condamné*, 1829.

SCORE .... / 7

COUP DE POUCE
Pour guider la progression dans une énumération, on peut utiliser des connecteurs temporels.

Corrigés p . 16

TOTAL .... / 22

39 Analyser un texte argumentatif

Comment définir un texte argumentatif ?

- Dans un texte argumentatif, l'auteur cherche à modifier l'opinion du lecteur, à le convaincre du bien-fondé de son point de vue (de sa **thèse**) et/ou à réfuter un autre point de vue.
  Un texte argumentatif s'inscrit dans une **situation d'argumentation** : qui argumente ? à qui s'adresse-t-il ? dans quelles circonstances ? dans quel but ?
- Il existe différents types d'arguments :
  - les **arguments théoriques**, qui font appel à la raison du destinataire (en particulier par l'opposition des idées) ;
  - les **exemples à valeur d'argument**, pour illustrer la thèse et prouver son exactitude ;
  - les **arguments d'autorité**, qui consistent à citer ou évoquer un personnage célèbre dont les idées sont considérées comme incontestables.

★ 1 Quelle thèse Voltaire cherche-t-il à défendre ? Coche la bonne réponse.

> Demandez à un crapaud ce que c'est que la beauté. Il vous répondra que c'est sa femelle avec deux gros yeux ronds sortant de sa petite tête, une gueule large et plate, un ventre jaune, un dos brun. [...] Interrogez le diable, il vous dira que le beau est une paire de cornes, quatre griffes et une queue.

Voltaire, « Le Beau », in *Dictionnaire philosophique*, 1764.

- ❑ Le « beau » est indéfinissable.
- ❑ Tous les goûts sont dans la nature.
- ❑ Les goûts du crapaud et du diable diffèrent.
- ❑ La notion de « beau » est très relative.

SCORE .... **/ 1**

ATTENTION
Lis toutes les propositions avant de choisir ta réponse.

★★ 2 Lis le texte et réponds aux questions.

Mesdames et messieurs les jurés, vous devez aujourd'hui juger cette femme. Ce que j'ai à vous dire est simple : si elle a bien commis un vol, elle n'en est pas pour autant coupable, car le véritable coupable est la société ! En effet, personne ne naît voleur ou assassin, mais on le devient, à force de souffrances. Le grand Victor Hugo a dit : « Tel a assassiné sur les grands routes qui, mieux dirigé, eût été le plus excellent serviteur de la société. » Que penser alors de cette pauvre femme qui, voyant son enfant grelottant de froid, a mis sa propre liberté en péril pour le secourir ?

1. À ton avis, qui prononce ce discours argumentatif ? ....
2. Souligne le passage qui énonce la thèse, et relève les mots qui l'annoncent. ....
....
3. Délimite par des crochets la phrase qui énonce un argument théorique.
4. Quel est le type d'argument utilisé dans la phrase en couleur ? ....
5. Quel sentiment l'orateur veut-il provoquer dans la dernière phrase ? ....

SCORE .... **/ 5**

Quels sont les procédés argumentatifs ?

- L'argumentateur use en général de **connecteurs logiques** pour mettre en évidence la progression de l'argumentation (voir l'unité 38).
- Différents **procédés** lui permettent d'accroître l'efficacité de son discours. Il peut par exemple :
  - recourir à l'interpellation directe (*tu, vous*) ;
  - varier les types de phrase (phrases exclamatives, fausses interrogations) ;
  - utiliser des figures de style : anaphores, antithèses, comparaisons, etc.

3 **Lis le texte, puis réponds aux questions.**

> Monsieur le président, mesdames, messieurs les députés, j'ai l'honneur au nom du gouvernement de la République, de demander à l'Assemblée nationale l'abolition de la peine de mort en France. [...] Demain, grâce à vous, la justice française ne sera plus une justice qui tue. Demain, grâce à vous, il n'y aura plus, pour notre honte commune, d'exécutions furtives, à l'aube [...]. Demain, les pages sanglantes de notre justice seront tournées. [...]Demain, vous voterez l'abolition de la peine de mort.

Discours de R. Badinter devant l'Assemblée nationale (17 septembre 1981).

1. Qui prononce ce discours ? ....
2. À qui s'adresse-t-il ? ....
3. Dans quelles circonstances ? ....
4. Dans quel but ? ....
5. Sur quelle figure de style l'argumentation est-elle construite ? ....
6. Quelle est la figure de style utilisée dans l'expression en couleur ? ....

SCORE ..../ 6

4 **Voici un texte argumentatif sur l'école. Numérote les phrases de manière à le remettre dans l'ordre.**

..... En premier lieu, l'école permet de s'initier aux règles de vie en société.

..... Par ailleurs, l'école transmet de nombreux savoirs.

..... Les différentes matières enseignées – maths, français, sciences, histoire, géographie, langues... – sont l'occasion d'acquérir des connaissances diversifiées.

..... Enfin, les compétences générales acquises à l'école sont indispensables.

..... Les élèves apprennent à respecter les autres, à écouter et prendre la parole de manière constructive...

..... Parmi elles, la curiosité et l'esprit critique facilitent l'adaptation à un monde toujours en évolution.

1. Souligne les trois connecteurs qui ordonnent l'argumentation.
2. Quelle thèse ces arguments défendent-ils ?

....

....

SCORE ..../ 10

COUP DE POUCE

Observe les connecteurs qui permettent d'organiser l'argumentation.

Corrigés p . 16-17

TOTAL ..../ 22

LECTURE ET EXPRESSION ÉCRITE

40 Analyser une image argumentative

Comment analyser une image ?

- Une affiche de cinéma, une image de campagne de prévention, une image publicitaire, etc., est une structure :
  - qui comporte des **signes** sous forme d'image et/ou de texte ;
  - qui formule un **message** persuasif et parfois manipulateur ;
  - qui repose sur un **argumentaire**.
- L'auteur joue avec la logique, l'imaginaire, les codes culturels, les modes de vie et les motivations de telle ou telle catégorie de public, qui est choisie pour **cible**.
- **Pour analyser une image**, il faut identifier :
  - son émetteur et son destinataire (de qui ? pour qui ?) ;
  - sa composition (couleurs, formes, disposition...) ;
  - ses messages visuels et verbaux (ce que tu vois, ce que tu lis).

INFO

L'affiche publicitair est un support de communication visuelle qui diffuse un message tant verbal que visuel et qui s'adresse à des publics ciblés dans des emplacements réglementés.

★★ 1 Regarde attentivement l'image A.

1. De quel type de document s'agit-il ?

....

2. Qui en est le destinataire ?

....

3. Quel objet se trouve dans la main droite ?

....

4. Quels personnages sont suggérés ?

....

5. Quelle impression se dégage du dessin et des couleurs ?

....

6. Quelles informations essentielles l'affiche te donne-t-elle ?

....

....

....

....

....

Image A : affiche réalisée par Aude Perrier pour la Fête de la musique 2009.

7. Coche les trois arguments positifs qui ressortent de cette image.

❑ froideur ❑ joie ❑ confort ❑ tristesse ❑ énervement ❑ angoisse ❑ indépendance
❑ stress ❑ mouvement ❑ effort ❑ contrainte ❑ souplesse ❑ morosité ❑ gaieté ❑ ennui
❑ stabilité ❑ clarté ❑ enthousiasme ❑ mélancolie

COUP DE POUCE

Élimine d'abord to les termes négatifs

SCORE ..../ 9

Comment analyser le message verbal d'une image argumentative ?

- L'image argumentative joint souvent un **message verbal** au message visuel. Selon le cas, elle cherche :
  - à convaincre des qualités d'un produit ; c'est le propre de l'image publicitaire qui doit inciter à acheter ;
  - à faire réfléchir, à modifier les comportements.
- Le texte est **court** pour être percutant. Selon le cas, il est constitué :
  - d'une brève phrase nominale ;
  - d'une phrase avec un verbe à l'**impératif** pour interpeller et alerter ;
  - d'une phrase **interrogative** pour amener à réfléchir...

2 Étudie l'image B.

1. Qui est l'émetteur de ce document ?

....

2. Qui est le destinataire ?

....

3. Où le personnage de la photo se trouve-t-il ?

....

4. Que fait le personnage de la photo ?

....

5. Quelle est la particularité du personnage ?

....

....

....

....

....

Image B : Le téléphone au volant. Campagne de la Sécurité routière 2008.

SCORE ..../ 5

INFO
Le gouvernement fait appel à l'image lors de la publicité institutionnelle pour sensibiliser la population à un problème et le faire réagir de façon positive.

3 Relis attentivement le texte de l'image B.

1. Combien de phrases composent le message verbal ? ....

2. Où le message verbal est-il placé ? ....

3. Quel mot est répété dans le message ? ....

4. Quel est le but recherché par ce message ? ....

....

SCORE ..../ 4

ATTENTION
Sois attentif aux détails.

4 Quelle argumentation ressort de cette image ?

....

....

....

SCORE ..../ 2

Corrigés p . 17

TOTAL ..../ 20

BREVET BLANC 1

Texte de Victor Hugo

Le narrateur, après son procès, se trouve en prison. Dans le journal qu'il décide d'écrire, il se remémore, entre autres, les moments qui précédèrent sa condamnation.

Je me levai ; mes dents claquaient, mes mains tremblaient et ne savaient où trouver mes vêtements, mes jambes étaient faibles. Au premier pas que je fis, je trébuchai comme un portefaix[1] trop chargé. Cependant je suivis le geôlier.

Les deux gendarmes m'attendaient au seuil de la cellule. On me remit les menottes. Cela avait une petite serrure compliquée qu'ils fermèrent avec soin. Je laissai faire : c'était une machine sur une machine.

Nous traversâmes une cour intérieure. L'air vif du matin me ranima. Je levai la tête. Le ciel était bleu, et les rayons chauds du soleil, découpés par les longues cheminées, traçaient de grands angles de lumière au faîte des murs hauts et sombres de la prison. Il faisait beau en effet.

Nous montâmes un escalier tournant en vis ; nous passâmes un corridor, puis un autre, puis un troisième ; puis une porte basse s'ouvrit. Un air chaud, mêlé de bruit, vint me frapper au visage ; c'était le souffle de la foule dans la salle des assises[2]. J'entrai.

Il y eut à mon apparition une rumeur d'armes et de voix. Les banquettes se déplacèrent bruyamment. Les cloisons craquèrent ; et, pendant que je traversais la longue salle entre deux masses de peuple murées de soldats, il me semblait que j'étais le centre auquel se rattachaient les fils qui faisaient mouvoir toutes les faces béantes et penchées.

En cet instant, je m'aperçus que j'étais sans fers ; mais je ne pus me rappeler ni où ni quand on me les avait ôtés.

Alors il se fit un grand silence. J'étais parvenu à ma place. Au moment où le tumulte cessa dans la foule, il cessa aussi dans mes idées. Je compris tout à coup clairement ce que je n'avais fait qu'entrevoir confusément jusqu'alors, que le moment décisif était venu, et que j'étais là pour entendre ma sentence.

Victor Hugo, *Le Dernier Jour d'un condamné*, 1829

1. **Portefaix :** homme dont le métier est de porter des fardeaux.
2. **Assises :** la Cour des Assises est le tribunal qui juge les affaires criminelles.

QUESTIONS 15 POINTS

I Le transfert du prisonnier 4 POINTS

1. Relevez dans le texte quatre mots du champ lexical du monde carcéral. 1 POINT

2. *L'air vif du matin me ranima. Je levai la tête.* (l. 7)

a. Quel rapport logique unit ces deux phrases ? Reliez-les par une conjonction de subordination de façon à obtenir une phrase complexe. 1 POINT

b. Qu'éprouve à ce moment-là le narrateur ? 0,5 POINT

3. Dans la phrase qui va de « le ciel » à « de la prison » (l. 8 à l. 9)

a. Relevez tous les adjectifs qualificatifs. 1 POINT

b. Que voit le narrateur qui lève la tête ? 0,5 POINT

II La perte des repères 4 POINTS

4. *c'était une machine sur une machine* (l. 6).

a. Que veut dire le narrateur dans cette phrase ? 1 POINT

b. Dans le 5e paragraphe, relevez l'expression qui confirme cette idée. 1 POINT

5. De « Nous montâmes » à « s'ouvrit » (l. 11 à l. 12), quel procédé de style est utilisé ? Quelle impression produit-il ? 1 POINT

ATTENTION
Ne confonds pas conjonction de subordination et conjonction de coordination (*mais, ou, et, donc...*).

COUP DE POUCE
Explique à quoi/qui se rapporte le mot « machine ».

ATTENTION
Il faut d'une part nommer le procédé, d'autre part expliquer l'effet produit par ce procédé sur le lecteur.

6. *En cet instant, je m'aperçus que j'étais sans fers ; mais je ne pus me rappeler ni où ni quand on me les avait ôtés.* (l. 18 à l. 19)
Que révèle cette phrase au sujet du comportement du narrateur ? 1 POINT

III Un récit pathétique 7 POINTS

7. Relisez le 1er paragraphe (l. 1 à 3).
   a. Quels sont les trois verbes indiquant les réactions physiques du narrateur ? 0,5 POINT
   b. *je trébuchai comme un portefaix trop chargé* (l. 2-3). Quelle figure de style est utilisée dans cette phrase ? 0,5 POINT
   c. Que ressent le narrateur ? 1 POINT
8. En citant le texte, montrez les attitudes successives du public (l. 14 à l. 17). 1 POINT
9. Relisez le dernier paragraphe (l. 20 à 23).
   a. *Au moment où le tumulte cessa dans la foule, il cessa aussi dans mes idées.* Quel mot le pronom « il » remplace-t-il dans cette phrase ? 0,5 POINT
   b. Pourquoi le narrateur comprend-il à ce moment-là seulement ce qui va se passer ? 0,5 POINT
10. Faisons le bilan.
   a. En quoi peut-on dire que ce récit est pathétique ? 1,5 POINT
   b. Quelle est l'intention de Victor Hugo à travers ce récit ? 1,5 POINT

RÉÉCRITURE 4 POINTS

En cet instant, je m'aperçus que j'étais sans fers ; mais je ne pus me rappeler ni où ni quand on me les avait ôtés (l. 18-19). Réécrivez cette phrase en transposant les verbes à la 3e personne du singulier du présent, et en remplaçant *sans fers* par *sans chaîne*.

ATTENTION
Il y a deux consignes en une.

DICTÉE 6 POINTS

Faites-vous dicter le texte qui figure page 18 dans les corrigés.

INFO
Le mot « batiste » sera écrit au tableau le jour de l'examen.

RÉDACTION 15 POINTS

Vous traiterez l'un des deux sujets au choix.

ATTENTION
Ton récit doit être rédigé à la 1re personne du singulier, les actions de premier plan doivent être exprimées au passé simple comme dans le récit de Hugo.

1. Vous imaginez que vous vous trouviez dans la foule dans la salle d'assises. En tenant compte des données du texte, racontez la scène de l'attente et de l'arrivée de l'accusé.

COUP DE POUCE
Après avoir précisé le contexte, décris ce que tu vois (la salle, le condamné, la foule…) et explique ce que tu ressens (surprise, angoisse, admiration, colère…).

2. Le narrateur du texte de Victor Hugo a commis un crime. La peine de mort est requise contre lui. Quels arguments avanceriez-vous pour prendre sa défense ?

COUP DE POUCE
• Voici plusieurs arguments possibles : la justice ne doit pas faire œuvre de vengeance, il faut donner au coupable la possibilité de s'amender, la justice peut aussi se tromper…
• Appuie toujours tes arguments sur des exemples pour être plus convaincant.

BREVET BLANC 2

Texte d'Ida Grinspan

L'auteur, Ida Grinspan, a été déportée au camp d'extermination d'Auschwitz à 14 ans. Elle raconte ce qu'elle y a enduré dans son livre J'ai pas pleuré. *Le passage qui suit se situe à la fin de l'ouvrage.*

Il y a longtemps que je souhaitais écrire ce livre. Je jugeais nécessaire de raconter tout ce que j'avais vu et vécu moi-même.

Ma fille m'encourageait sans cesse, mais je remettais à plus tard. Je prévoyais qu'il serait douloureux de revivre certains souvenirs que j'avais enfouis. [...]

En avril 2001, quand Wanda[1] s'est éteinte sans que j'aie eu le temps de la serrer dans mes bras et de lui dire le merci que je gardais au fond de mon cœur depuis cinquante-six ans – le mot merci est faible, mais je n'en ai pas d'autre –, j'ai estimé qu'il était temps de me décider à écrire. [...]

En me relisant, je ne suis pas certaine d'avoir assez insisté sur la déshumanisation des camps. N'être qu'un numéro, ne rien posséder de personnel qu'une gamelle et une cuillère, avoir constamment faim, toujours froid durant les longs hivers, être épuisée, battue et craindre le pire à chaque instant... [...]

Après la guerre, nous avons cru que le nazisme et ses méthodes étaient anéantis à jamais. Quand nous avons appris, plus tard, les massacres au Cambodge et au Rwanda, nous avons dû admettre que la leçon d'Auschwitz n'avait pas été tirée. [...]

Si nous rencontrons des élèves, ce n'est pas pour qu'ils s'apitoient, mais pour qu'ils sachent ce que des hommes ont été capables de faire à d'autres hommes, uniquement parce qu'ils étaient nés. [...]

L'avenir dépendra de l'information donnée sur le passé. Nous avons la chance de vivre en République, en Démocratie ; les jeunes doivent être préparés à préserver ces libertés des tentations totalitaires.

IDA GRINSPAN et BERTRAND POIROT-DELPECH, *J'ai pas pleuré*, p. 231-234 © Robert Laffont, 2002.

1. Wanda est une infirmière polonaise qui a sauvé Ida, atteinte du typhus, au camp de Neustadt.

QUESTIONS 15 POINTS

I La décision de raconter : l. 1 à 8 5 POINTS

1. *Ma fille m'encourageait sans cesse, mais je remettais à plus tard.* (l. 3)
   a. Quel rapport logique unit les deux propositions de cette phrase ? 0,5 POINT
   b. Transformez cette phrase de façon à avoir une proposition subordonnée et une principale, en gardant le même rapport logique. 0,5 POINT
2. Pourquoi Ida n'a-t-elle pas écrit plus tôt ses souvenirs ? Justifiez votre réponse en vous appuyant sur le texte. 1 POINT
3. *sans que j'aie eu le temps...* (l. 5). À quel mode est le verbe ? Justifiez son emploi. 1 POINT
4. Quel événement décide Ida à écrire ? Quel sentiment éprouve-t-elle à ce moment-là ? 2 POINTS

COUP DE POUCE

Il ne s'agit pas de relever un mot du texte, mais bien de nommer le rapport logique qui peut être la cause, la conséquence ou l'opposition.

ATTENTION

Ne confonds pas mode et temps.

II La déshumanisation dans les camps : l. 9 à 18 4,5 POINTS

5. Indiquez la composition du mot *déshumanisation*. 1 POINT
6. Relevez trois éléments participant à la *déshumanisation des camps*. 1,5 POINT
7. De « N'être qu'un numéro » à « craindre le pire à chaque instant » (l. 10 à 12), quel procédé de style est utilisé pour insister sur cette déshumanisation ? 1 POINT
8. Relevez dans l'avant-dernier paragraphe la proposition subordonnée de cause qui donne l'unique explication, d'après Ida, de la Shoah. 1 POINT

COUP DE POUCE
Il faut nommer le procédé de façon précise après avoir relu le texte.

III Le devoir de mémoire : l. 13 à 21 5,5 POINTS

9. Indiquez tous les événements historiques qu'évoque l'auteur dans ce texte. 1 POINT
10. Dans quel but Ida veut-elle témoigner auprès des jeunes ? Justifiez votre réponse en vous appuyant sur le texte. 1 POINT
11. Quel temps utilise-t-elle dans la dernière phrase ? Pourquoi ? 1,5 POINT
12. Quelles valeurs Ida met-elle en avant dans le dernier paragraphe ? Cela vous semble-t-il important ? Justifiez votre réponse. 2 POINTS

INFO
Lorsqu'une question appelle une justification, il faut rédiger quelques lignes capables de donner l'explication de façon claire.

RÉÉCRITURE 4 POINTS

« Je jugeais nécessaire de raconter tout ce que j'avais vu et vécu moi-même. Ma fille m'encourageait sans cesse, mais je remettais à plus tard. Je prévoyais qu'il serait douloureux de revivre certains souvenirs que j'avais enfouis. » (l. 1 à 4). Réécrivez ce passage en remplaçant « je » par « elle » et en mettant le texte au présent.

ATTENTION
Il y a deux consignes à effectuer.

DICTÉE 6 POINTS

Faites-vous dicter le texte qui figure p. 19 dans les corrigés.

RÉDACTION 15 POINTS

Vous traiterez l'un des deux sujets au choix.

1. Racontez, à la manière d'une autobiographie, un événement qui vous a marqué et que vous souhaiteriez transmettre un jour à vos enfants. Expliquez votre choix.

INFO
Un texte autobiographique est écrit à la première personne et au passé. Mais tu expliqueras ton choix au présent.

2. À la fin du texte, Ida Grinspan écrit : « L'avenir dépendra de l'information donnée sur le passé. »
En quoi, selon vous, cette information est-elle un enjeu majeur ? Peut-elle permettre à l'humanité de progresser sans renouveler ses erreurs du passé ?

COUP DE POUCE
- Définis cette « information » – la connaissance des guerres et atrocités du XXe siècle – et donne ses sources : témoignages, cours d'Histoire…
- Voici les principaux arguments attendus : l'information est essentielle car elle permet d'agir en utilisant l'expérience du passé et d'éviter de reproduire les erreurs. Mais l'Histoire ne se répète jamais exactement, il reste la folie humaine, le goût du pouvoir, de l'argent…
- Tu peux exploiter des idées ou des exemples du texte.

BREVET BLANC 3

Texte de Véronique Tadjo

Véronique Tadjo, écrivain, poète, romancière et artiste, est née à Paris en 1955, d'un père ivoirien et d'une mère française.

« Je vous salue »
Vous les fouilleurs de poubelles
les infirmes
aux moignons crasseux
les borgnes
les hommes rampants
vous les maraudeurs[1]
les gamins des taudis
je vous salue.
Quel fardeau portez-vous
en ce monde immonde
plus lourd que la ville
qui meurt de ses plaies ?
Quelle puissance
vous lie à cette terre frigide[2]
qui n'enfante des jumeaux
que pour les séparer ?
Qui n'élève des buildings
que pour vous écraser
sous les tonnes de béton
et d'asphalte[3] fumant ?
Vous les mangeurs
de restes
les sans-logis
les sans-abri
Quel regard portez-vous
sur l'horizon en feu ?

VÉRONIQUE TADJO 1984, *Latérite*, D.R.

1. **Maraudeurs :** voleurs de nourriture. 2. **Frigide :** froide, sans réaction. 3. **Asphalte :** revêtement des rues.

QUESTIONS 15 POINTS

I La misère 6,5 POINTS

1. Relevez tous les termes du champ lexical de la misère. 1 POINT
2. *Vous les fouilleurs de poubelles les infirmes aux moignons crasseux les borgnes les hommes rampants* (v. 1 à 5)
   a. Quel procédé de style est utilisé ? Quelle impression s'en dégage ? 1 POINT
   b. Quels handicaps physiques sont évoqués ? 0,5 POINT
3. Vers 14 à 20, quels sont les deux reproches faits à la *terre frigide* ? Citez le texte et expliquez ce que veut dire l'auteur. 1 POINT
4. *la ville qui meurt de ses plaies* (v. 11-12)
   a. Quelle figure de style est utilisée ici ? 0,5 POINT
   b. D'après le reste du texte, de quelles *plaies* s'agit-il ? 0,5 POINT
5. a. Dans *ce monde immonde* (v. 10), quel est le sens de l'adjectif *immonde* ? 1 POINT
   b. Montrez en quoi cet adjectif qualifie bien le *monde* décrit dans ce texte. 1 POINT

COUP DE POUCE

Il ne faut pas donn une explication mais simplement nommer le procéd de style.

II Un texte engagé 8,5 POINTS

6. À quel genre littéraire appartient ce texte ? 0,5 POINT

7. *je vous salue* (v. 8)
   a. À quelle personne s'exprime le narrateur ? 0,5 POINT
   b. Par quelle personne est désigné le destinataire ? 0,5 POINT

8. a. À quel temps sont les verbes ? 0,5 POINT
   b. Quelle est la valeur de ce temps ? 0,5 POINT

9. a. Quel type de phrases est utilisé du vers 9 au vers 26 ? Qu'attend-on à la suite de ce type de phrases ? Est-ce le cas ici ? 1 POINT
   b. Essayez de justifier ce choix de Véronique Tadjo. 0,5 POINT

10. *l'horizon en feu* (v. 26)
    a. Que signifie cette expression prise au sens propre ? 0,5 POINT
    b. Quel autre sens peut-on lui donner, si on l'oppose à *terre frigide* (v. 14) ? 0,5 POINT

11. a. Relevez toutes les reprises nominales de *vous* (v. 21 à 24). 1 POINT
    b. Dans quelle intention Véronique Tadjo a-t-elle choisi ces expressions ? 0,5 POINT
    c. Quel terme générique pourrait les regrouper toutes ? 0,5 POINT

12. Selon vous, Véronique Tadjo s'adresse-t-elle seulement à ceux qu'elle nomme dans son texte ? Expliquez votre réponse. 1,5 POINT

ATTENTION
Inutile de donner le mode si on te demande seulement le temps.

COUP DE POUCE
Le mot « animal » par exemple, est le générique qui regroupe « chat », « chien », « oiseau »...

RÉÉCRITURE 4 POINTS

Réécrivez les phrases : « Quelle puissance vous lie à cette terre frigide qui n'enfante des jumeaux que pour les séparer ? », « Quel regard portez-vous sur l'horizon en feu ? » en une seule phrase commençant par « je demandais » et en remplaçant « vous » par « elles ».

ATTENTION
Pense à transformer les points d'interrogation.

DICTÉE 6 POINTS

Faites-vous dicter le texte qui figure p. 20 dans les corrigés.

INFO
La dictée comprend deux subjonctifs plus-que-parfait.

RÉDACTION 15 POINTS

Vous traiterez un des deux sujets au choix.

1. Imaginez la lettre que vous écririez à un enfant de la ville évoquée dans le poème de V. Tadjo en décrivant votre vie et en l'invitant à partager vos vacances d'hiver.

COUP DE POUCE
• Respecte les règles d'écriture d'une lettre : structure en paragraphes, lieu et date d'écriture, signature, niveau de langue adapté...
• Introduis des marques de modalisation (opinions, sensations, sentiments).

2. Véronique Tadjo évoque des personnes qui vivent sans abri. Vous avez, vous aussi, déjà vu dans la rue des SDF, sans domicile fixe. Quels sentiments avez-vous éprouvés à leur égard ? Quelles réflexions vous viennent à leur sujet ? Comment les aider ?

COUP DE POUCE
• Mise en situation : décris le lieu (parc, rue...), l'état des SDF (sales, ivres...) et les sentiments qu'ils t'inspirent (peur, envie ou non de les plaindre, de les aider...)
• Réflexions : Comment en sont-ils arrivés là : précarité de l'emploi, manque de soutien (famille, amis, État...) ? Que faisaient-ils avant ? Souhaitent-ils de l'aide ?
• Solutions menées par l'État, les associations : propositions de logement, de formation...

BREVET BLANC 4

Texte d'Alain-Fournier

Meaulnes se trouve à une fête dans un château, où il rencontre pour la première fois la jeune châtelaine, Yvonne de Galais.

Sans savoir comment, Meaulnes se retrouva dans le même yacht que la jeune châtelaine. Il s'accouda sur le pont, tenant d'une main son chapeau battu par le grand vent, et il put regarder à l'aise la jeune fille, qui s'était assise à l'abri. Elle aussi le regardait. Elle répondait à ses compagnes, souriait, puis posait doucement ses yeux bleus sur lui, en tenant sa lèvre un peu mordue.

Un grand silence régnait sur les berges prochaines. Le bateau filait avec un bruit calme de machine et d'eau. On eût pu se croire au cœur de l'été. On allait aborder, semblait-il, dans le beau jardin de quelque maison de campagne. La jeune fille s'y promènerait sous une ombrelle blanche. Jusqu'au soir on entendrait les tourterelles gémir... Mais soudain une rafale glacée venait rappeler décembre aux invités de cette étrange fête.

On aborda devant un bois de sapins. Sur le débarcadère, les passagers durent attendre un instant, serrés les uns contre les autres, qu'un des bateliers eût ouvert le cadenas de la barrière... Avec quel émoi Meaulnes se rappelait dans la suite cette minute où, sur le bord de l'étang, il avait eu très près du sien le visage désormais perdu de la jeune fille ! Il avait regardé ce profil si pur, de tous ses yeux, jusqu'à ce qu'ils fussent près de s'emplir de larmes. Et il se rappelait avoir vu, comme un secret délicat qu'elle lui eût confié, un peu de poudre restée sur sa joue...

À terre, tout s'arrangea comme dans un rêve. Tandis que les enfants couraient avec des cris de joie, que des groupes se formaient et s'éparpillaient à travers bois, Meaulnes s'avança dans une allée, où, dix pas devant lui, marchait la jeune fille. Il se trouva près d'elle sans avoir le temps de réfléchir :

— Vous êtes belle, dit-il simplement.

ALAIN-FOURNIER, *Le Grand Meaulnes*, 1913.

QUESTIONS 15 POINTS

I La rencontre (lignes 1 à 4) 5 POINTS

1. Qu'apprenez-vous dans la première phrase du texte ? 0,5 POINT

2. a. Relevez les verbes dont le sujet est le jeune homme, puis ceux dont le sujet est la jeune fille. À quels temps sont ces verbes ? 2 POINTS

b. Justifiez l'emploi de ces temps. Que révèlent-ils de l'attitude de chacun des jeunes gens ? 1,5 POINT

3. a. Que permet de comprendre la répétition du verbe *regarder* ? 0,5 POINT

b. Quelle expression peut indiquer les sentiments de la jeune fille ? 0,5 POINT

II « Avec quel émoi... » 5 POINTS

4. Donnez un verbe et un nom de la famille du nom *émoi*. (l. 11) 1 POINT

5. Quelle situation provoque l'*émoi* de Meaulnes ? 1,5 POINT

INFO
Dans un texte au passé, chaque temps a une valeur particulière et l'emploi de chacun n'est pas indifférent. C'est ce qu'il faut montrer ici.

6. *comme un secret délicat qu'elle lui eût confié* (l. 14)
Quelle figure de style est utilisée ? 0,5 POINT
7. Relevez les mots du champ lexical du regard (l. 12-13). 1 POINT
8. Quel sentiment Meaulnes éprouve-t-il à l'égard de la jeune fille ? Quelle phrase en est la confirmation ? 1 POINT

COUP DE POUCE Dans le champ lexical, tu cherches les mots ou expressions du même répertoire, du même thème.

III « Comme dans un rêve » 5 POINTS

9. *La jeune fille s'y promènerait sous une ombrelle blanche. Jusqu'au soir on entendrait les tourterelles gémir...* (l. 6-7)
 a. À quel mode sont les verbes de ces phrases ? 0,5 POINT
 b. Justifiez l'emploi de ce mode. 0,5 POINT

ATTENTION Ne confonds pas mode et temps.

10. Pourquoi peut-on dire que *tout s'arrangea comme dans un rêve* (l. 15) ? 1 POINT
11. *sans avoir le temps de réfléchir* (l. 17-18)
Pourquoi cette expression nous renvoie-t-elle au début du texte ? Comment caractériseriez-vous le comportement de Meaulnes ? 1,5 POINT
12. À partir de l'exemple de Meaulnes et Mlle de Galais, indiquez les principales caractéristiques de la rencontre amoureuse. 1,5 POINT

COUP DE POUCE Il faut rédiger et structurer cette réponse en écrivant quelques phrases qui utilisent ce qui a été vu dans les questions précédentes.

RÉÉCRITURE 4 POINTS

« [...] sans savoir comment, Meaulnes se retrouva dans le même yacht que la jeune châtelaine. Il s'accouda sur le pont, tenant d'une main son chapeau battu par le grand vent, et il put regarder à l'aise la jeune fille, qui s'était assise à l'abri. ». Réécrivez ces phrases en remplaçant « Meaulnes » par « je », « la jeune châtelaine » par « les jeunes châtelaines » et « la jeune fille » par « les jeunes filles ».

ATTENTION Il y a trois consignes à effectuer.

DICTÉE 6 POINTS

Faites-vous dicter le texte qui figure p. 21 dans les corrigés.

RÉDACTION 15 POINTS

Vous traiterez un des deux sujets au choix.

1. « Avec quel émoi Meaulnes se rappelait dans la suite cette minute [...] »
Comme à Meaulnes, il vous est arrivé de vivre une belle rencontre. Vous direz dans quelles circonstances elle s'est produite, ce que vous avez éprouvé et vous expliquerez quelle importance cette rencontre a eue pour vous.

ATTENTION
- Tu dois t'exprimer à la 1re personne.
- Ton récit doit être vraisemblable.
- Il y aura une partie narrative et descriptive et une partie explicative.

2. À l'occasion d'une discussion avec un(e) camarade, vous confronterez vos points de vue sur le « coup de foudre » qu'Yvonne de Galais nomme une « folie ».
Chacun des interlocuteurs exposera au moins deux arguments.

COUP DE POUCE Il s'agit bien d'un dialogue argumentatif dans lequel deux points de vue différents vont s'affronter.
Tu es libre de choisir le point de vue qui te convient

Classes grammaticales et fonctions

Les classes grammaticales

Classe grammaticale	Exemples	Définition
Mots variables		
nom	*Julie, fille, amitié*	Un nom **désigne** un être, une chose ou une idée. *Julie* est un nom propre, *fille* est un nom commun.
déterminant	*un, le, cette, ses*	Un déterminant **introduit un nom.** Il forme avec lui un groupe nominal (minimal).
adjectif qualificatif	*beau, égale, puissants*	Un adjectif qualificatif apporte des **précisions sur le nom** qu'il qualifie.
pronom	*il, lui, celle, les siens*	En général, un pronom **remplace un nom** ou un groupe nominal (*pro* = « à la place de »).
verbe	*aimer, partait, serons*	Un verbe exprime une action ou un état. Il **se conjugue,** c'est-à-dire qu'il prend une forme différente selon le temps évoqué, le nombre et la personne du sujet.
Mots invariables		
adverbe	*ici, hier, clairement*	Un adverbe peut **s'ajouter** à un verbe, ou à un adjectif, un autre adverbe, une proposition.
préposition	*à, dans, à côté de*	Une préposition **sert de lien** entre un mot et son complément.
conjonction	*mais, ou, et, car,* *que, quand, dès que*	Une conjonction **relie deux propositions** : – de même nature (conj. de coordination) ; – principale et subordonnée (conj. de subordination).

Les fonctions

Fonction	Exemple	Définition
À l'échelle d'une proposition		
sujet	*Julie aime Théo.*	Le sujet répond à la question ***Qui est-ce qui ? / Qu'est-ce qui ?*** suivie du verbe.
complément d'agent	*Théo est aimé de Julie.*	Le sujet devient complément d'agent lors de la transformation d'une phrase active en **phrase passive.**
attribut du sujet	*Julie est étudiante.*	L'attribut du sujet exprime une **caractéristique du sujet** ; il s'y rapporte par l'intermédiaire d'un verbe d'état.
COD	*Julie aime le cinéma.*	Le COD **complète** le verbe, **directement** (sans préposition).
attribut du COD	*Elle trouve ce film époustouflant.*	L'attribut du COD exprime une **caractéristique du COD** ; il s'y rapporte par l'intermédiaire d'un verbe exprimant un choix, un jugement....
COI	*Théo s'initie à la calligraphie.*	Le COI **complète** le verbe, **indirectement** (avec une préposition).
COS	*Théo envoie un message à Julie.*	Le COS complète un verbe qui a déjà un complément d'objet.
complément circonstanciel	*Théo et Julie se voient avec plaisir.*	Un complément circonstanciel exprime une **circonstance** (temps, lieu, manière...) de l'action.
À l'échelle d'un groupe nominal		
épithète	*une étudiante sympathique*	Une épithète se rapporte directement à un nom.
complément du nom	*une étudiante en biologie*	Un complément du nom complète un nom à l'aide d'une préposition.
apposition	*Passionnée de cinéma, Julie possède 100 DVD.*	Une apposition se rapporte à un GN, dont elle est séparée par une virgule (construction détachée).

Les principaux homophones grammaticaux

Ne confonds plus…	Identifie…	Exemples
a et ***à***	• ***a*** : 3e pers. du sing. du v. *avoir* au présent • ***à*** : préposition	*Il* ***a*** (= avait) *mis du temps* ***à*** (≠ avait) *arriver.*
ou et ***où***	• ***ou*** : ou bien • ***où*** : exprime le lieu	*Sais-tu* ***où*** (≠ ou bien) *il est parti en vacances : à la mer* ***ou*** (= ou bien) *à la montagne ?*
on et ***ont***	• ***on*** : pronom sujet • ***ont*** : 3e pers. du pl. du v. *avoir* au présent	***On*** (≠ avaient) *est surpris par tout le travail qu'ils* ***ont*** (= avaient) *accompli.*
son et ***sont***	• ***son*** : dét. possessif • ***sont*** : 3e pers. du pl. du v. *être* au présent	*Jules et Julie* ***sont*** (= étaient) *partis avec* ***son*** *scooter* (= le sien).
ces et ***ses***	• ***ces*** : dét. démonstratif • ***ses*** : dét. possessif	***Ses*** *parents* (les siens) *lui ont offert* ***ces*** *belles baskets rouges* (= celles-là).
ce et ***se***	• ***ce*** : dét. ou pronom démonstratif • ***se*** : pronom réfléchi	*Barnabé* ***se*** *demande* (→ verbe *se demander*) *encore s'il va aller voir* ***ce*** *film* (= celui-là).
c'est et ***s'est***	• ***c'est*** : présentatif • ***s'est*** : se + est	• ***C'est*** (= cela est) *décidé : nous y allons.* • *Il* ***s'est*** *décidé à y aller* (→ verbe *se décider* au passé composé)
la, là et ***l'a***	• ***la*** : article ou pronom • ***l'a*** : le/la + a • ***là*** : adverbe de lieu	• *Il* ***la*** *prend dans ses bras.* • *Il* ***l'a*** *injuriée copieusement.* • *C'est* ***là*** *que je les ai vus pour la dernière fois.*
les, l'ai et ***l'est***	• ***les :*** article ou pronom • ***l'ai*** : le/la + ai • ***l'est*** : le/la + est	• *Il s'entretenait avec* ***les*** *voisins.* • *Je* ***l'ai*** *entendu rire.* • *Bizarre, il* ***l'est*** *réellement.*
ni et ***n'y***	• ***ni*** : conjonction de coordination de sens négatif • ***n'y*** : ne + y	• *Je n'ai* ***ni*** *regret* ***ni*** *rancœur.* • *Je* ***n'y*** *pense plus* (= Je ne pense plus à cela).
si et ***s'y***	• ***si*** : conjonction ou adverbe • ***s'y*** : se + y	• *Il est* ***si*** *tard. Je ne sais pas* ***si*** *j'ai le courage.* • *Il* ***s'y*** *est mis* (= Il s'est mis à cela).
sans et ***s'en***	• ***sans*** : préposition exprimant un manque • ***s'en*** : se + en	• *Il est parti* ***sans*** *elle.* • *Il* ***s'en*** *sort bien* (= Il se sort bien de cela).
dans et ***d'en***	• ***dans*** : préposition exprimant le lieu ou le temps • ***d'en*** : de + en	• *Le spectacle commence* ***dans*** *une heure.* • *Il est soulagé* ***d'en*** *sortir* (= de sortir de là) *sain et sauf.*
quand, quant et ***qu'en***	• ***quand*** : à quel moment, lorsque • ***qu'en*** : que + en • ***quant à*** : en ce qui concerne	• ***Quand*** (= à quel moment) *reviendra-t-il ?* • ***Qu'en*** *pensez-vous ?* (= Que pensez-vous de cela ?) • ***Quant à*** *moi* (= en ce qui me concerne), *je n'y crois pas.*
quoique et ***quoi que***	• ***quoique*** : bien que • ***quoi que*** : quelle que soit la chose que	• ***Quoique*** (= bien que) *fatigué, il est là.* • ***Quoi qu'****il fasse* (= quelle que soit la chose qu'il fasse), *il réussit.*
quel(les) et ***qu'elle(s)***	• ***quel(les)*** : dét. interrogatif ou exclamatif • ***qu'elle(s)*** : que + elle(s)	• ***Quel*** *jour* (= lequel) *sommes-nous ?* • *Il faut* ***qu'elle*** (= qu'il) *se repose.*
quelque et ***quel(les) que***	• ***quelque(s)*** : dét. indéfini • ***quel(les) que*** + v. *être* au subjonctif : exprime l'opposition	• *Voici* ***quelques*** (= des) *fleurs.* • ***Quel que*** *soit ton choix, je le respecterai.*